▲（著名作家）金庸结缘武当

▲张耀庭题字
（原中国武术协会主席）

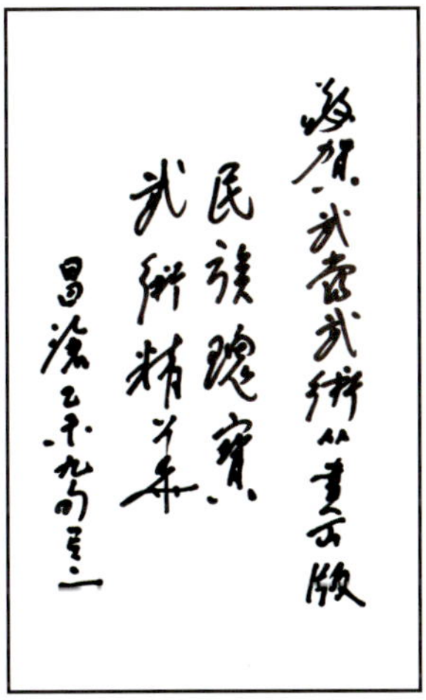

▲昌沧题字
（《中华武术》主编）

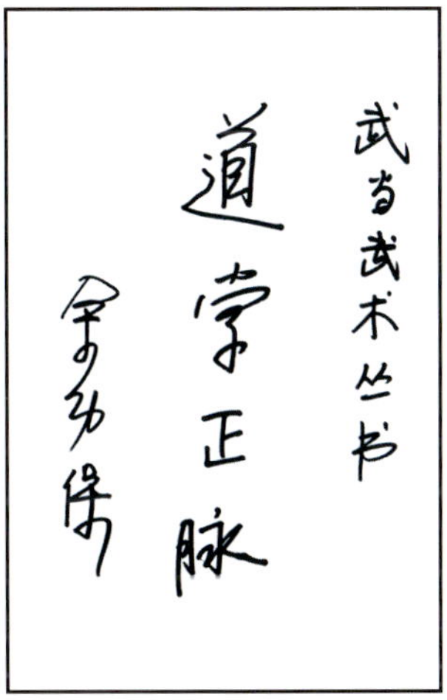

▲余功保题字
（世界太极拳网总编）

▲韩建中题字
（央视武林大会总裁判长）

▲南武当晨练　汪传树摄

▲非遗传承　王淑存摄

▲游玄德道长练武当拳　王淑存摄

▲游玄德道长在练武当玄武拳

▲游道长在南武当瑶池溪畔练功　王淑存摄

▲游玄德道长教著名歌星周杰伦
练武当丹剑

▲游玄德道长给歌星周杰伦
传授武当太极拳

▲游玄德与著名导演张纪中合影

▲第三届世界传统武术节向欧洲弟子传授
武当功夫

▲游玄德道长与中佛协副会
长，黄梅四祖寺住持净慧老
和尚交流养生之道

▲中国英山南武当国际武林大会上表演武当派内家拳法（太极拂尘）　王淑存摄

◀法国武当弟子在南武当道院学习武当拳
王淑存摄

▶ 意大利武当弟子在郑州首届世界传统武术节荣获18枚金牌后来南武当报喜

▲游掌门及理宗在斯诺文尼亚

▲游道长与弟子游理宗应邀访问南非武术联会，传授武当功夫，游道长与弟子游理宗应邀访问南非武术联会，传授武当功夫，与南非武当众弟子合影。

▶ 2012年英国弟子武圣宫前学太极 王淑存摄

▲在佛罗伦萨传授武当养生功

▼ 游道长在武当道院给法国弟子教授太极拳　王淑存摄

▲游道长给斯洛文尼亚弟子游理山赠武当拳谱

▲游道长在武圣宫前给英国弟子传授游氏太极拳，王淑存摄

▲组织夏令营孩子们学习习近平总书记讲话　王淑存摄

▲周理参会长教孩子们练武当丹道十三式　王淑存摄

▲游玄德道长恩师吴教鹏真人指导太乙逍遥掌

▲南武当国际三丰武术院夏令营合影

▲年轻时的游玄德道长练功剪影

中华武术大观

游玄德

武当玄武拳

武当丹剑

武当太乙逍遥掌

专辑

游玄德◎著

长江出版传媒
湖北科学技术出版社

图书在版编目(CIP)数据

中华武术大观：游玄德专辑 / 游玄德著. —武汉：湖北科学技术出版社，2019.8

ISBN 978-7-5352-9927-7

Ⅰ. ①中… Ⅱ. ①游… Ⅲ. ①武术—介绍—中国 Ⅳ. ①G852

中国版本图书馆 CIP 数据核字（2019）第 132323 号

责任编辑：谭学军 徐 竹 封面设计：胡 博

出版发行：湖北科学技术出版社 电话：027-87679468

地 址：武汉市雄楚大街 268 号 邮编：430070

（湖北出版文化城 B 座 13-14 层）

网 址：http: //www.hbstp.com.cn

印 刷：武汉市首壹印务有限公司 邮编：430000

787× 1092 1/16 18 印张 5 插页 240 千字

2019 年 8 月第 1 版 2019 年 8 月第 1 次印刷

定价：58.00 元

▶序一

与游玄德道长结识道缘，亦师亦友，今已三十年矣!

1989年，玄德道长任武当山道教协会金顶管委会主任。其时，全山道观道业百废待兴，新老道人修行参差不齐。作为主持，他从树道心，立教规，加强政策学习教育入手，严肃道风道纪。短短两年多，道人们爱国爱教，忠心向道，面貌焕然一新。刻苦习练武当功夫也悄然成风。这得益于他的武术家传和入山后师从武当金山道长王通圣真人，一代大家宗师王通和（维慎），龙门业师吴教鹏，阮来霞上师，百岁仙长吕明道及朱诚德、郭高老道长等等一批武当丹道拳法高道大德，潜心武学的感召。由此，也为他以武当武术为法门，让武当派丹道功夫走出武当，走向世界埋下了伏笔。

1991年金秋，首届武当文化武术节在武当山下举办。这是一次二十一世纪最具影响力的武当武术盛典，更是一次武当各门派名家掌门的大聚会。吕紫剑、沙国政、裴锡荣、王维慎、狄兆龙……济济一堂，各展风采。然而，老武术家大都已年逾古稀，武当传人，青黄不接，此情此景，触发了年轻的玄德道长走出山门，广授门徒，让武当功夫发扬光大，福泽众生的宏愿。

1992年起，太子坡、通神沟、武当三丰武术院、各地武当会馆……串起了武当金顶通往世界各地的武当武术弘扬发展的金桥。

道家三千六百法门，门门皆可入道。道家历来提倡以术入道。三丰祖师明言：由吾拳法，可以入道也。 张三丰祖师集大广而宗成的武当内家拳（功）法，以道演武，以武显道，是道家哲学思想精髓的具体化，拳丹不二，丹成道立。

正是入道明道悟道体道证道的良门捷径，也契合了当今时代人们追求健康长寿，提高生活质量，慰藉平和精神心灵的需要。太极拳无分国度民族宗教，老少咸宜，自然成为武当文化、道家文化乃至于中华传统文化传播普及的良佳载体。

玄德道长，应势而为。于21世纪初，只身南下，辟大别山主峰下吴家山

林场为三丰祖师道场——南武当武圣宫。成为新时代新气象下武当派祖庭，花开叶生，硕果累累。北京、成都、厦门、深圳、香港……武当会馆，德国、法国、英国……武当武术总会如雨后春笋，布局天下。2016年意大利道教协会成立，武当宫500亩选址落地。每年7月24日被意大利国家宗教文化部定为中国道教文化推广日。2017年，欧洲道教协会成立。此功此德，中国道教协会、国家宗教局，国家文化部给予了高度肯定和赞扬。

天下武当，道行天下。以武当武术为驱动的大道文化航船正驶向大海星辰。一带一路中国梦在文化自信中砥砥前行硕果累累。

武当武术大观，愚不敢不足以论之。谨以小文记叙一位执弘扬道法、三丰祖业为己任，三十年初心不改的奉道者践行历程，而窥斑知豹、引览“大观”也。

丹江口市武当道教文化研究会　黄建军

（儒释道著名研究学者，世界道家联谊会副秘书长）

2018年3月于丹江

▶序二

浩浩武当魂

写在《中华武术大观》付梓之际

在中华民族的历史长河中，闪耀着一颗璀璨的明珠——那就是武当秘传内家拳！武当派秘传内家拳由北宋道士张三丰创立，至今已有六百多年的历史。张三丰道学渊博，武功高超，被尊称为“武圣”。他观龟蛇搏斗，创武当内家拳。明清之际朴学大师黄宗羲的《王征南墓志铭》曰：“有所谓内家，以静制动，犯者应手即扑，故别少林为外家，盎起于宋之张三丰（峰）。”明朝万历年间，武当派得到皇上封赏，从此名扬天下，成为武林大派。自古就有“南武当、北少林”之说。

英山地处大别山南麓，海拔1729米的大别山主峰天堂寨坐落其境内。大别山自古就是道、释、儒三教汇集地，境内有许多真武显灵、张三丰真人布道的传说。宋永乐年间至洪武初，张三丰多次来大别山的多云山(今湖北英山南武当山)、太平山（今英山南河镇与蕲春交界的仙人台）修炼，传授内家拳法。今英山境内还留下许多张三丰在此修炼的遗迹，“武圣宫”“道人尖”“仙人洞”。据1920年《英山县志》记载：历史上英山境内有武圣宫七个，县北一百里多云山，武圣宫，张姓香火，曾多次重修，后毁于战乱。山下张咀乡，以张氏子孙为主，祀奉张三丰真人，道观香火兴盛。

2002年深秋，游玄德大师走进大别山。也许是祖师爷冥冥中的安排，大别山幻化许多神奇的景象，令他流连忘返。其后在英山县委、县政府诚邀下，游玄德大师被聘为英山县政府顾问，决定正式恢复修建《英山县志》记载的多云山武圣宫，办学传道，弘扬武当内家拳法。这实乃是“天缘巧合，地缘巧合，人缘巧合，道缘巧合”。作为三丰祖师嫡系传人的他，怀着对武当文化无比热爱和虔诚崇敬之心，在党的宗教政策正确指引下，顺应民心，

毅然担负起历史的使命，承前启后，开创武当南宗，弘扬武当道教文化，谱写了中华国教新篇章。

游玄德大师是武当玄武派第十四代嫡系传人，武当内家拳法非物质文化遗产传承人。20世纪60年代出生在自古多侠士的燕赵之地，自幼随父习武，5岁便开始习练武术基本功，后得到北方民间武术家传授形意拳、拦手，查、华、炮、少林拳诸艺。为了寻求更高境界，14岁的他，便不辞劳苦赴全国各地拜访名师。后上武当山皈依武当派，得到武当派南宗掌门人王杰（字维慎，号通和）传授真传内丹功法、武当秘传太乙逍遥掌、八卦掌，以及奇门兵器和内功养生大法。他尊师重道，勤学苦练，闻鸡起舞，加上他那特殊的天赋，因而尽得武当修炼功法的衣钵真传。

与游大师结缘，是我当年在统战部分管宗教工作，作为南武当这个项目的引进人，有缘常常聆听道长的教诲，与他品茶论道，畅谈人生，深受启发。特别是在南武当山开山过程中，条件异常艰苦，游玄德大师作为在世界范围有影响力的名人，常常是饿了与民工一起啃个干馍，渴了喝口山泉水，困了在山洞里打个盹。一个出家人，无人给他发工资，没有谁给他优厚的待遇，却能忘我地把自己的人生全部投入到这项伟大的事业之中，他为什么？为的是传承中华传统文化，振兴武当道教事业。游玄德大师热爱中华民族，终身献给武当道教事业的高尚品格感染了我，使我的人生观、价值观有一个飞跃的转变。懂得了人生是奉献，不是索取。

如今，游玄德大师经过15年的艰苦努力，在大别山建起了一座载入历史的文化丰碑，使英山这个名不见经传的偏僻小县名扬海内。也使吴家山这个在2002年前只有一个三层楼小招待所的国有林场脱胎换骨，迎来了一个快速发展的机遇。现每年接待国内外游客数百万人（次），旅游综合收入数千万元，推动了当地旅游经济的发展。并先后在南武当举办了“首届南武当国际旅游文化节”“首届南武当国际武林大会”。现正在争创大别山南武当AAAAA旅游景区。

他最大的贡献是为武当武术走向世界架起了一座文化桥梁 。几十年来，游玄德道长的足迹遍布了世界三十多个国家和地区， 先后率团出访意大利、俄罗斯、韩国、法国、英国、比利时、斯洛文尼亚、西班牙、南非等国家和地区，每到一处都会受到当地政府要员、各界群众及新闻媒体的热烈欢迎和高度关注。特别是在欧洲，中国道教文化像地中海龙卷风一般震撼了欧洲大地，掀起了一股中国道教文化热潮，让不同地区、不同肤色的外国人感受了华夏文明的魅力。现世界六十多个国家有他的弟子，意大利、俄罗斯、法国、德国、英国、南非等二十多个国家建有“武当会馆”和“武当太极学堂”。

他还先后与央视、四川卫视、安徽电视台、山东电视台、宁夏卫视、中国功夫网等新闻媒体策划，合作在南武当拍摄了《卧虎藏龙南武当》《武当功夫传奇》《龙在武当》《南武当走进台湾》《最强小孩》《问道南武当》等电视剧和专题片。

2002年，作为武当派掌门人应邀参加《中华武术展现工程》系列节目拍摄，出版了《武当派秘传功夫》系列教学片。还亲自撰写出版了《秘传武当太极拳》《武当道教养生导引术》《游玄德山水神仙诗》《武当游龙八卦掌》《道德经新解》等专著。世界武术联盟于2006年给他颁发了武林贡献奖。早在1996年被国际太极拳联谊会评为“特级太极大师”。2009年12月被世界武术研究学会和全球武林领袖论坛组委会授予“杰出世界武术家”和“武林艺术成就奖”。在2010年第六届全球中华文化艺术薪传奖评选活动中，游玄德道长是大陆唯一获全球中华文化武艺薪传奖的人，其事迹被收录在《湖北省功勋人物传》。2011年7月，游道长荣获国际武术文化研究会授予“国际武术文化传播大使”荣誉称号。2013年，武当秘传太极拳被列为世界非物质文化遗产，南武当已被湖北省政府批准为武当秘传太极拳非物质文化遗产传承基地。在2015年世界太极拳联盟组织的“我喜爱的世界太极拳人物”评选活动中，游道长名列世界第一，被授予“太极国际传播优秀人物”。让武当走向世界，让世界了解武当做出了特殊贡献。

武当秘传内家拳法自创立至今，一直是玄门秘传功夫，受传统门规的影响，宁可失传，不可乱传。故历代传人极为保守，传人极少。80年代前后学术界、武术界对内家功夫多有争议，误论武当功夫已失传。为了振兴武当派，正本清源，为报效祖庭，20世纪80年代初一代宗师王维慎首次公开武当内家拳法，并嘱咐嫡系传人玄德大师一定要把武当秘籍传承下去，振兴武当派。

随着时代的变迁，经济大潮的冲击，老一辈武术家离去，可以说武当秘传内家拳继承保护刻不容缓。游宗师深感责任重大，为把这一中华民族的瑰宝发扬光大，亲自编写了这本《中华武术大观游玄德专辑》，把武当内家拳所包含的秘籍，及自己几十年积累的太极智慧，毫无保留地奉献给社会。这是一本不可多得的武当武术秘传功夫教科书。这本书的面世，不但是弘扬中国传统文化的一件大事，也是全世界武术爱好者的福音！我们坚信，武当派秘传内家拳法一定能传播到世界的每个角落，结出丰硕的成果！

王淑存（南武当山道教协会秘书长）

2018年清明节写于南武当道院

前　言

武当武术是世界武林中久负盛名的一大名宗，据文史记载，由宋代著名道士，一代大宗师张三丰真人所创，又因其功理功法源于道教《三十六部真经》体系，并吸收道家哲学之真谛，注重内养外炼，以呼吸导引之术为根，以丹道内功为本，体现以静制动，后发先至，以柔克刚，四两拨千斤之特点。武当功夫以养生为本，技击防卫为相辅，由于行功走架轻灵圆活，意境深远，刚柔相济，快慢相间，风格鲜明，被武术界尊为“内家拳”。在近代武术名家著作中，在国术文史中统称内家拳为“武当派”。在内家拳派中有五大体系，即：太极拳、八卦掌、形意拳、通臂拳、螳螂拳；其流传最广，影响较大，故武术界有“天下太极出武当，武当太极甲天下”之说；又有形意加八卦，神鬼都害怕的武林传奇。在近五百年的中国武术名人传承中，武当内家拳派名家备出，高手如林，众多史料显示有打败西方拳王，战胜日本顶级武士的形意门弟子，还有威震京城王府的太极传人，隐踪数百年，千古不绝精武魂，内家拳法薪火相传，来之不易。由于不同年代的战乱和政治动荡，使武当内家拳法面临失传之窘境，今逢盛世，在“中国梦”“一带一路”文化自信国家战略指引下，武当派祖庭传人及弟子，勇于担当，不辱使命，继往开来，谨守祖训，并虔诚地向历代宗师致敬，铭记历史，传承道教文化，觉悟人生，奉献人生，服务社会。我们坚持天人合一道法自然理念，为人类永续发展之路奉献才智。在历代内家拳传承中，山西的王宗岳乃太极拳一代宗师，河北文安的董海川乃八卦掌一代宗师，河北深州的李洛能被尊为形意拳一代祖师，河北香河的一代大师张策乃通臂拳嫡传，山东螳螂拳一代大师王郎也得自道家功夫真传。在内家拳宗法传承中以河北人为最，当今影响世界武坛的名家以河北形意门的八大弟子，

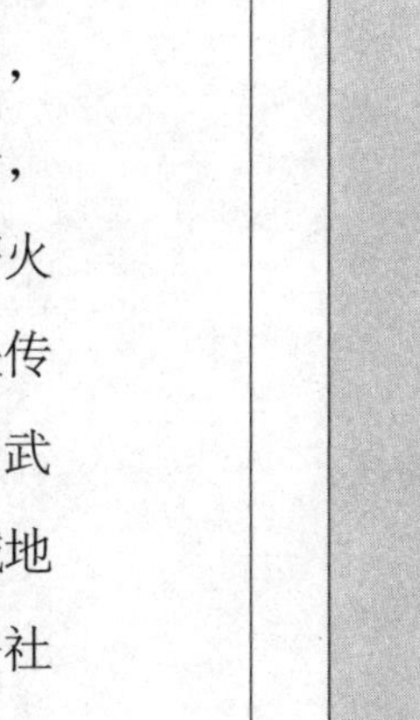

河北永年太极宗师杨露禅的十大弟子闻名大江南北，河南赵堡镇也继承了武当古老的太极拳法，传承有序至今，非常难得珍贵，历代传人继承并发展了内家拳的理论与技术体系，等等，对中国武林贡献卓著。

武当道教作为内家拳的祖庭，始终谨守祖训“宁可失传，不可乱传”的传统，在教内薪火相传。近十年来，南武当山人潮如涌，世界各地认祖归宗，皈依拜师的弟子遍及大江南北，世界各地。作为武当武术南宗祖庭，南武当山道教协会先后成功举办了“南武当国际文化旅游节”“南武当国际武林大会”，十三大门派掌门人及弟子云集武圣宫太极广场（全国高山广场之最），武当派祖庭功夫团也先后应邀出访泰国、韩国及东南亚，并将武当功夫传到欧洲、非洲、美洲等世界各地，64个国家和地区的洋弟子在游玄德道长门下正式拜师，弟子数量超过3000人，在国际国内武术大赛中道俗两众弟子，共获金牌300余枚，银奖数百……

武当武术从濒临失传到振兴崛起，南武当山道教协会，国际三丰武术院，武当派祖庭功夫团做出杰出贡献。时至今日，桃李满天下，在中央、省、市政府的关心支持下，南武当山旅游区被联合国评为世界地质公园，湖北省政府也将南武当山列入武当武术非物质文化遗产传承保护基地，游玄德会长被确定为“武当武术非遗传承人”。

武当武术博大精深，内容丰富，海内外武术界来南武当朝圣者纷纷提议由内家祖庭整理《武当武术系列丛书》以留传后世，免于失传，造福广大民众。在国家级非遗传承人心意拳大师李洳波，形意拳大师张玉林，螳螂拳名家孙德、张道锦，央视武林大会总裁判长韩建中，峨眉拳传承人吴信良，香港实战咏春拳传人温鉴良，通臂拳名家单长文，沧州八极拳掌门人吴连枝，湖北省委原书记关广富，中国道教协会秘书长张凤林等诸多同仁好友的关心鼓励下，在武当山志办范学峰主任，《武当》杂志社刘洪耀社长、副社长熊若愚积极倡导下，在原中国武术协会主席张耀庭好友及荆州市委书记杨智友人的建议下，在武当道教文化研究会秘书长三玄居士，黄建军积极配合下，山人陆续整理一些武当拳谱拳论及丹道养生史料，希望能起到抛砖引玉之效果。让世界了解武当，让武当走向世界，我们作为武当武术当代非遗传承人责无旁贷，义不容辞将武当武术发扬光大，造福众生，如果能对政府倡导的“文化自信”建设有所贡献，对国际文化互鉴有所裨益，对人类健康有所福祉，对后学有所点拨进步，山人也欣慰矣，谨附笔以志，嘉勉后学，不忘初心，励志前行，仅以此书缅怀先祖先师之恩德，将武当派道脉薪火相传，为传统优秀文化复兴尽绵薄之力，福生无量天尊！

武当派祖庭太极道人游玄德

戊戌春分于南武当宗师府青云阁

目　录

一、武当玄武派源流

武当玄武派是现存武当山众多门派中的一支，玄武派是武当山的本山派系。武当山的主神是玄武神，玄武派由此而生。

武当山原名太和山，参上山，为火山，玄武神为水神，唯水能克火，此山有“非真武而不足当之”之意，故改名“武当山”。随着玄武神的显赫，武当山的知名度也就越来越大，而后便成玄武神的代名，甚至取代了玄武神的知名度，为此，在“玄武派”传至第十二代时武当山又诞生了“武当派”，此时武当山大量的道人都皈依于“武当派”，“玄武派”从此暂时断传。此后武当山高道辈出，从而又出现了如“武当清微派”“新武当派”“武当榔梅派”“武当三丰派”“武当龙门派”等十几个派系。

明朝时由于皇家对于武当山和张三丰推崇，称武当为“太岳”，名位在五岳之上，唐代杜光庭《洞天福地岳渎名山记》将其列入七十二福地中的第九福地。武当山，又称“仙室”，是中国道教的发源地之一，为中原道教的活动中心，为此中原道教各教派诞生之后均相继传入武当，至使武当成为了一个多派系同修的场所。

改革开放以后，宗教政策得到了落实，武当各派也恢复了传承，为了使武当各派能在武当和谐相处、共同发展，同时也是便于武当道教协会的统一管理，1989年9月9日，武当道教协会经研究决定，恢复“武当玄武派”，当时距分派辈的方法是，武当玄武派承接原第十二代，继第十三代为承接的第一代，续承武当玄武派的第一代为玄武派第十三代弟子，第二代(1986年1月1日至1989年12月30日为第二代)为玄武派第十四代弟子，再后五年一代排列，由武当道教协会统一收徒。

而今，武当“玄武派”“武当三丰派”，是武当山诸多派系得以传承的本山派系。武当玄武派传承，其派有众多经籍，以《真武经》为主要经典，奉真武为“玄天上帝”。主张三教合一，尊真武为“三教祖师”，重修内丹，信行多术，称真武为“万法教主”。此派古称“真武玄武派”，1989年，武当山道教协会会长王光德以此派名称意义重复，会同公议，改为“武当玄武派”，并有原有二十字宗谱之后，又续四十字。同时在太和、紫霄二宫举行了传派仪式。

武当玄武派主体拳（械）法：武当太极拳、太乙五行拳、太乙逍遥掌、太乙绵掌、形意拳、八卦掌、五行养生功、道家回春功、武当剑、武当太极剑、玄武棍、朴真拳道（高级阶段，无形式套路，讲究神意内涵，培养混元内劲，以技击实效为归依，追求道法自然、返璞归真之内家拳学的本质）。

近代代表性传承人：游玄德（武当玄武派第十四代传人）。

二、武当秘传精简太极拳
（三十六式）

简　介

武当秘传太极拳是中华武术优秀传统文化遗产的重要组成部分，声名远扬，威震四方，以神功绝技著称，武术界素有“南尊武当”之说，武当太极拳法历史悠久，博大精深，它的起源和发展与中国的道教文化、哲学思想有着密切之关系，深受老子《道德经》、道教《易经》辩证思想之影响，讲究虚其心，实其腹，专气致柔之纲领，远取诸物，近取诸身的运动法则，形成内家拳的独特风格，以内养精气神，外练筋骨皮，修真炼性为核心，形成了养生健体，技击自卫相辅相成的武学体系。讲究以柔克刚，四两拨千斤，后发先至，以静制动为圭旨，行功走架松沉自然，柔和顺随，以八法为用，以内功为本，高深莫测，精妙入微，故道门中有太极混元一气之说，拳学奥义在开合收放，刚柔转折中随屈就伸，沾粘连随，柔化刚发，所谓开合，是内气，内意之开合，而非肢体动作之开合。

武当太极拳之传承源自宋代道教丹士张三丰真人，观蛇鹤相争，感悟道家《易经》《黄庭经》《道德经》阴阳辩证思想，并继承古代太极养生术，内丹功之精华而形成的太极拳集其大成的新体系。据文献史料记载，早在汉代就有五禽戏，道家炼丹术、吐纳术、导引术，唐朝时就有著名修炼家李道子的《先天太极功三七式》，可以说太极功夫的学术源远流长，并在宋、元、明、清历代传人中不断在继承创新中发扬光大，但是不论太极拳如何有影响力，铭记“不忘初心，尊师重道”的武德修养，才具备了真正的太极人格和家风，武林中最忌欺师灭祖之劣行，狂妄自大，目无师长，太极之败类也。习武先修德，学拳先明理，唯愿太极拳法成为人类美德育人的重要源泉。

武当太极拳法因祖训教规之约束“宁可失传，不可乱传”之传统，故历代宗师择徒慎重，有师访徒三年，徒访师三年的考验期。从张三丰祖师开创武当派内家拳法至今，已薪火相传至十六代弟子，由于流传地域不同，形成南北两大宗，南宗以浙江张松溪为嫡传，北宗以华北太行山王宗岳为大宗师，清代的著名传人有黄百家，李昊天大真人。近现代的宗师由王通和（维慎），游晋生（丹青子），王通圣（光德）为真系传人。当代武当太极拳领军代表人物为南武当山道教协会会长游玄德道长。2013年被湖北省政府认定评审为“武当武术非物质文化遗产传承人”武当秘传太极拳演示游玄德。在武当派太极祖庭太极拳法传承中分道俗两支，南武当山的周理参、游理宗、游小龙、李理浩道长，武当山的陈理胜、田理阳、袁理敏道长，河北王母山的陈理雄道长，贵州玉冠山的龚理根道长，厦门东坪山真武观的萧理云道长，欧洲道教协会游微成、游微妙道长，意大利道教协会会长游理道道长，斯洛文尼亚道教协会会长游理山道长，西班牙道教联会主席游微君，法国道教协会会长游铭段仙，香港武当会馆陈理展道长，广州武当会馆何理真道长等，均为游玄德宗师直系传人。俗家太极弟子有北京的李理魁，上海的屈理岩候理宝，广州的陈理顺、梁理祥、许理永、郭理辉，深圳的郑旭明，武汉的解理政、王理江、游尊龙，苏州太湖桃花岛的樊理光，衡水的张理衡，保定的游云龙，河北的游青云，海南三亚的张晖、吴理忠，荆州武术协会主席刘建生（现荆），珠海市武协理事长梁理忠，青海格尔木的秦理强，四川师大教授李理涛，安徽马鞍山汤凤忠，温州林理益，宁波林理宁等，由于在武当派太极祖庭正式拜师的弟子众多，限于篇幅在此简略，将在其他专著中记录。

武当派秘传太极拳分三层功夫，九步法门，以桩法为根，以内功为本，先求开展后求紧凑，八面支撑，气运周身，丹田鼓荡，神意相合，飞鹤指一触即发，练到形神兼备，方能进入太极拳之妙境。

武当绝学隐踪数百年，盛世复出，而今天下太极洋洋大观，犹龙、子午、先天、赵堡、杨、武、孙、吴、李，天下太极是一家，太极文化已经成为影响世界的一张中国名片，继承传播任重道远，唯愿武当太极的弟子们长江后浪推前浪，功德圆满。祝更多热爱太极拳的人们福寿康宁！

拳 谱

安炉立鼎：

敬天地行感恩礼，全身透空，节节贯通，开三关，任督二脉抱阴而负阳，周天运转，呼吸绵绵。

备注：历代嫡传武当派弟子谨遵祖训但凡练拳行功，必须行感恩礼，不忘初心，遵师重道，方为正宗道脉真传。

第一式　无极桩

两手下垂，自然站立，独立守神，中正安舒，虚领顶劲，面南背北。

动作要领：在武当太极内功修炼当中，很重视南北极子午向，达到天人合一。

道家养生秘要：醒神安脑、引气归元。

第二式　抱元守一

左脚左移，两脚与肩同宽、平行、足心含空、男左女右，两手合抱，拇指相对成圆状，顶天立地，头部中正，全身放松，气沉丹田。

动作要领：身正，体松，气顺，神凝，全身透空，八面支撑。

道家养生秘要：掐诀凝神、鼓荡丹田。

第三式　开太极

两手从身体两侧分开，如铜钟式，有气感后，慢慢伸展，至两臂展平与身体成大字状。手心向下外转至手心向上，慢慢合于头顶，中指相对节节贯穿经面前下沉至丹田，两手以腕为轴外展，十指向前。

动作要领：两手分开自上而下划圆，须一气呵成，配合呼吸。

道家养生秘要：伸筋拔骨、气贯黄庭。

第四式　金龟戏水

接上动，松腰屈腿下沉成马步，两手掌心向下向前掤起，两腿直立，随即沉肩垂肘如金龟戏水下沉，双手收于丹田处，合抱于胸前掤出。

动作要领：太极有八十一个劲，此动作是个翻转劲，须周身协调一致，身形中正安舒。

道家养生秘要：任督通关、升清降浊。

第五式　怀中抱月

两脚成马步，腰右转，左手掌心向下收于左肋，在随身体右转，合于胸前，右手掌心向上，收于丹田，两掌心上下相对。

动作要领：以腰带手，圆转中正，切记低头弯腰。

道家养生秘要：坎离相交、养心去火。

第六式　拨云见日

接上动右转腰，两手掌心向上，右手在前、高不过眉，左手在后，低不过胸，左脚内扣，右脚外摆，两手分开，内旋挤出，掌心向前，左脚跟步。

动作要领：动作变化须自然圆活，力整。

道家养生秘要：转腰强肾、益寿延年。

第七式　陆海奔潮

退左脚，两手下捋收于胯根，双手合抱掤出，右手在上，左手在下，如抱婴儿状，左脚蹬，右脚弓步。

动作要领：下捋时忌低头，弓步时须全身贯力。

道家养生秘要：气运周身、培元固本。

第八式　怀中抱月

右脚内扣，左脚外摆成马步，右手掌心向下合于胸前，左手掌心向上，收于丹田，两掌心上下相对。

动作要领：以腰带手，上下连贯。

道家养生秘要：坎离相交、养心去火。

第九式　拨云见日

左脚外摆，右脚内扣，前三后七，重心在右腿，左掌掌心向上掤起，高不过眉，右手掌心向上，合于左臂弯，低不过胸，双手缠丝外旋，合劲推出，掌心向前，十指向上。

动作要领：动作变化须自然圆活。

道家养生秘要：转腰强肾、益寿延年。

第十式　陆海奔潮

退右脚，双手下捋，收于胯根，双手合抱掤出，左手在上，右手在下，如抱婴儿状，右腿蹬，左腿成弓步。

动作要领：下捋时忌低头，弓步时须全身贯力。

道家养生秘要：气运周身、培元固本。

第十一式　海马吐雾

双掌合力内旋，左掌上托，右掌前推，右脚跟步放于左脚后，虚点地面。

动作要领：双掌上托前推一气呵成。

道家养生秘要：阴阳互济、健脾开胃。

第十二式　黑虎巡山（左右式）

右脚退步，双手大捋，同时左脚内扣，右脚外摆，右手后撑撩出，左手掌心向上抱丹田继续右转，左脚经右脚前迈步，右掌反转掌心向上，左掌自下而上托起，左脚内扣，双掌经左耳向前拉出，右脚收于左脚前，双掌下落至丹田，右脚迈步向前弓出，双掌经胸前弧形按出。右脚内扣，左脚外摆，重心转换，双手大捋，左手后撑撩出，右掌心向下抱丹田继续左转，右脚经左脚向前迈步，左掌翻转掌心向上，右掌自下而上托起，右脚内扣，双掌经右耳向前拉出，左脚收于右脚前，双掌下落至丹田，左脚迈步向前弓出，双掌经胸前弧形按出。

动作要领：注意步法虚实变化，眼尖、手尖、脚尖相对。

道家养生秘要：河车搬运、吐纳益肺。

第十三式　十字手

右脚跟步于左脚后（左实右虚），左手在前，右手在后成十字手，交叉于胸前。

动作要领：十指向上，含胸拔背。

道家养生秘要：藏风闭气、壮骨蓄力。

第十四式　狮子回头

右脚向右斜前方迈步成马步，双掌掌心向下自裆前自然分开，慢慢在身体两侧抬起，掌心向前两臂成山字状，左脚向前上半步。

动作要领：双掌开合时须以腰带手。

道家养生秘要：通筋活络、有利肠胃。

第十五式　揽雀尾

抬右脚后退，双手下采，右掌内旋掌心向下，拦于胸前，左掌心向上拦于裆前，同时左脚移于右脚前成虚步。

动作要领：两手双缠丝，劲须合住。

道家养生秘要：气行海底、涌泉移位。

第十六式　推窗闭月

左脚向左迈出成弓步，左掌环抱掤出，右掌置于左臂内侧。

动作要领：左脚如猫行，向左侧迈步，身如波浪。向左方靠出。

道家养生秘要：内力潜转、温养三焦。

第十七式　叶底藏花

左手缠丝上架，与右掌合力推出。

动作要领：双手形成连环劲。

道家养生秘要：命门火动、手脚如弓。

第十八式　丹凤朝阳

右脚向右侧迈出成右弓步，右手经丹田向右上方挑领，左手下沉至左胯根。

动作要领：右肘下垂成立肘，目平视。

道家养生秘要：竖颈立项、平衡阴阳。

第十九式　回头望月

跟左脚，右掌掌心向下抱圆，左掌掌心向上抱于右肘下方，左脚向左侧迈出，成川字马步，左掌向左侧挤出，高于肩齐，右掌掌心向下放于右胯根。

动作要领：川字马步是武当太极独有步法，为不摆不扣之形，双掌有缠丝张弓之意。

道家养生秘要：拧腰坐胯、预防老化。

第二十式　海底捞月

双脚不动，重心右移变成横裆步，左掌下旋，右掌内转，合于右肩前。

动作要领：双掌顺逆缠丝时注意阴阳变化，左掌心向上，右掌心向下，腰马合一。

道家养生秘要：缠丝封闭、强腰益腿。

第二十一式　懒扎衣

重心前移成左弓步，左掌经面前向左侧挤出，立肘掌尖与眉齐，右掌心向下落于右胯根。

动作要领：此动作为三节缠丝法，即腰裆劲、胸背劲、手肘劲是也。

道家养生秘要：丹田开合、气行泥丸。

第二十二式　海底神针

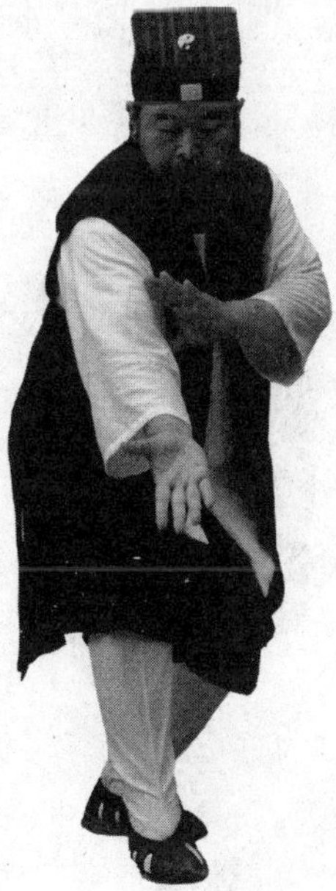

右掌向右后翻转，左手提拿至腰间，继续缠丝至右手在前下方，左手收于右肘上侧。右脚外摆向前迈出，左掌掌心向前旋转，右掌内旋放于左肩前。

动作要领：双手拧转下钻，如海中捞针状，头须上顶。

道家养生秘要：绵里裹针、皮毛通神。

第二十三式　仙人过涧（左、右式）

右脚进半步，左腿抬起，双掌向前托起，左掌心向上，右掌向下，随后左脚蹬出。左脚进半步，右脚抬起，双掌向前托起，右掌心向上，左掌向下，随后右脚蹬出。

动作要领：双手拦拿与腿法须协调一致。

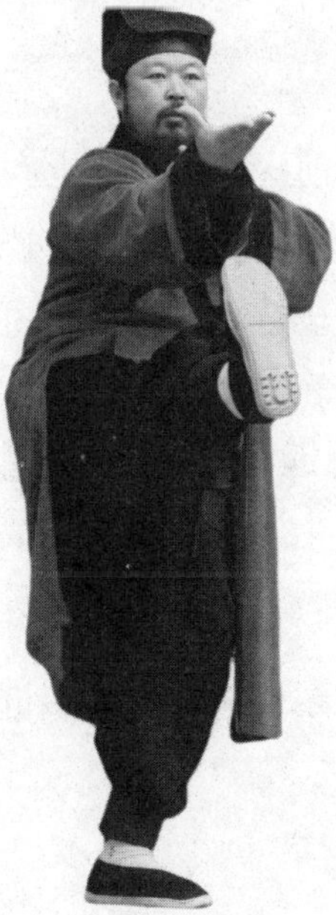

道家养生秘要：提气运力、养肝开目。

第二十四式　转身伏虎

右脚落地内扣左转，左脚外摆拧转，右掌自右经头上方向左扑按，左掌在右臂内钻出扑按。

动作要领：转身须轻灵稳健，左手在左膝前上方，右掌按于腹前，左右手形成矛盾力。

道家养生秘要：吐故纳新、肺火消沉。

第二十五式　玉女献书

双掌前探，随后向上向右托出，腰随之右后拧转，双掌旋转从左向右经腹前运至右侧，右掌心向前，高与眉齐，左掌心向前高与胸齐。

动作要领：劲如抽丝，拧裹合力。

道家养生秘要：龙虎相交、耳聪健脑。

第二十六式　叶底摘桃

腰左转，双掌连环向左前方撩出，左上右下双掌合力，同时上右脚成虚步。

动作要领：身法运转以腰为轴，两掌缠丝松沉圆活。

道家养生秘要：九转还丹、养气补漏。

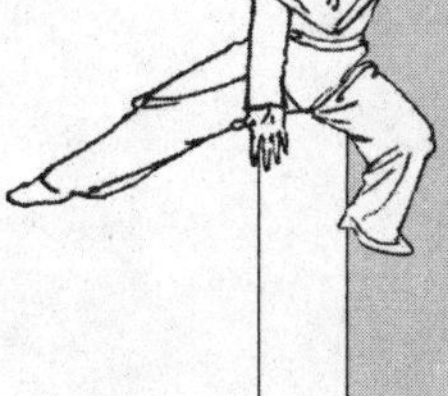

第二十七式　将军挂印

抬右腿成独立步，同时右手握拳上冲，拳心向内，左手掌心向下护于裆前，落右脚成马步，右拳防于左掌心。

动作要领：上冲下按之劲形成对立统一之势，落步收拳整体合一。

道家养生秘要：回光返照、通肾利尿。

第二十八式　灵官架单鞭

左脚向左前方迈出脚跟着地，双掌向左前方捋出，复变双采劲，右脚虚落跟进，双手继续自下向右上缠拿，右手变子午钩手，左脚向左前方迈出成弓步，左手经面前划过向前推出。

动作要领：此动作为阴阳连环暗脚的使用法，手法上则有掤、捋、挤、靠、拿之玄机，举手投足具要轻灵。

道家养生秘要：五气朝元、去痰生津。

第二十九式　七星朝斗

扣左脚，右脚外摆，重心右移成右弓步，左掌向上经面部向右划弧，落于右腕部，右手子午钩手，与肩平，两目向前平视。

动作要领：双手形成上下左右的浑圆劲，蓄而待发七星拱月。

道家养生秘要：青龙归位、玉液还丹。

第三十式　二仙传道

右腿重心下降成扑步，双手如游龙戏水落于裆前，随后左腿弓出成左弓步，双掌自下而上穿出，左手在前与肩高，右手在后与胸齐。

动作要领：扑步变弓步要顺随连贯，双手穿出要立肘松肩。双掌如游龙戏水，前掌尖与鼻尖脚尖三尖相对。形成内外三合之势。

道家养生秘要：腰马协调、心肾平和。

第三十一式　蛇鹤争雄

左脚内扣，右脚外摆，双掌平行运至胸前，右掌心向下，左掌心向上，双掌随腹右转举过头顶，在左右耳部划圆而下挤靠左转。

动作要领：以腰带手，拧转钻翻，将太极拳合抱之力由腰胯传于双掌。

道家养生秘要：手运乾坤、舒肝理气。

第三十二式　五龙捧圣

右腿提起成独立步，右手握拳上冲，拳心向左，左手掌心向下护于裆前。右脚下落成马步，左手外缠掌心向上，右手立拳落于左掌心。

动作要领：整个身法、手法如蛇出洞，升降自如，穿拦提放，如履薄冰。

道家养生秘要：升降起落、消除疲劳。

第三十三式　龙步云手

右脚向左脚后倒插步，左手自右经面前向左运转，右手则随势抱于腹前，左脚同时向左运步成马步，左手向左下运转，右手自左下方经面前向右运手掤出。

动作要领：手眼身法步同时运动，上下一体，忌菱角之形。

道家养生秘要：云转巧妙、活肩活腰。

第三十四式　狮子滚球

右手自左经面前向右下运动，左手向右做扑面掌，腰右转，右手自右后向前转动，左手外缠丝，掌心向上收于腹前，右手掌心向前高过头顶。

动作要领：双手内外缠丝幅度要大、合劲时沉肩垂肘，气吞山河。

道家养生秘要：奇经相通、八脉养精。

第三十五式　金蛇缠柳

右脚内扣，向左转身，左脚向左前方迈步，双掌自右向左双缠丝，左手握拳环抱，同时右脚跟步放于左脚后，右手按于左腕处，右脚向右迈步，左脚跟进放于右脚后，双手自左经腹前向右上双缠丝，右手握拳环抱，左手按于右手腕处。

动作要领：此动作突出丹田鼓荡，左右缠丝，如长江大海之势，滔滔不绝，又似行云流水须一气呵成。

道家养生秘要：练精化气、气清合道。

第三十六式　合太极（收式）

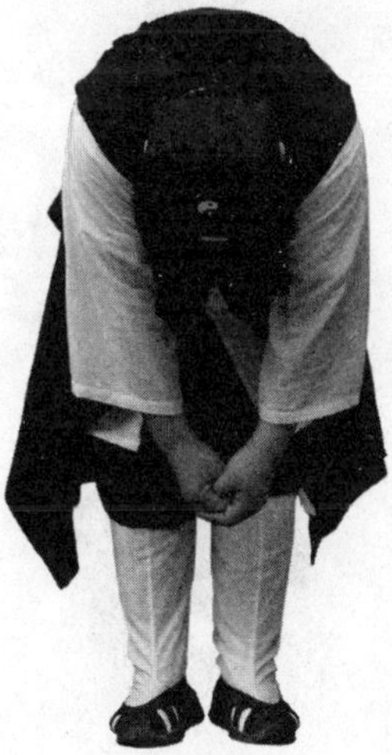

左脚后退，收右脚双手自然从身体两侧划圆，经头顶下按至丹田，复归于子午诀，两手合抱，吐纳安神，复归无极。

动作要领：道家功夫以养气、行气、炼气、凝神布气为要诀，突出性命双修之法。故收式数分钟不可冷饮冷浴。

道家养生秘要：顶天立地、鹤神龟息。

三、武当丹剑

简　介

武当派功夫虽以太极拳扬名海内外，但是“武当剑”在武林中也独树一帜，声名显赫，备受武林人士推崇，武当剑分为天、地、人三盘剑法，又有四象之分，即工体剑、丹剑、行剑、绵剑之别，武当剑总纲以剑道十三法为核心。讲究意领身随，力透剑尖，在武当剑谱大要论中有练剑之要，切忌停滞，身与剑合，剑与神合，与无剑处，处处有剑，身如蛟龙，轻灵飘逸，能知此义则近大道也。当代弟子中以理阳、理胜、理敏、理参、理宗为代表，各有特点。本集武当剑演示者为武当派非遗传承人游小龙示范，在近三十年国际武术交流中，游小龙道长演练的武当剑形如流水，快如闪电，轻似抚云，阴阳顿挫，深得宗帅玄德真人之秘传，其身法之美妙让见识者叹为观止。在武当祖庭“五小龙”传人中为佼佼者。

剑 谱

第一式 紫气东来

剑指下插指地，然后逐步向前，臂伸直，伸直之后往回收。收回来放于胸前，然后向前推出。剑指向上，两脚，一个打开，一个靠两脚脚跟并拢，做完之后略微侧面倾身，两目平视头向上顶，身体站直。不要前倾也不要左右摇晃。 紫气东来本身是道的意思， 这也记下了三丰祖师创立的要义。剑指下插，指地，然后逐步向前，臂伸直，伸直之后往回收。收回来放于胸前，然后向前推出。剑指向上，这也说明了武当弟子在传承武当功夫时，必须要有诚心，对历代祖师要有诚心。第二点，要有恒心。想练功夫，想继承下来，必须要有很好的心态。第三点必须要有信心，因为功夫是一门技术，也是一门学问。需要用心不断地去研究揣摩。所以起势动作需要诚心、恒心、信心。

第二式　仙人指路

手慢慢收回，要求气沉丹田，神清气爽，要求神态非常安然，然后脚部开始向左侧抬步，两手，剑和剑指同时运动。这个动作要有一个如同画太极一般的动作。剑身要划一个弧，剑指从前出，这个过程在剑形上，是一个叫作仙人指路的定式动作。注意脚步是弓步，后腿伸直，剑指放平。剑身需要从内侧划弧，从左向右划。右手剑指从耳部向前点出，形成仙人指路之势。

第三式　仙鹤展翅

这个动作是一个接剑动作，两只手交接。首先是左手剑和右手有一个交接过程。做完之后，再上步，先是右脚向左侧进步，左脚再向前迈步，接剑，接剑之后，两只手分开，右手握剑，持剑向右侧展开。

第四式　蛟龙入海

蛟龙入海，这个动作中间需要有一个收步。首先是右脚向右开，剑身回拉，回拉之后，左脚向右前方虚步，这个虚步是一个简单的步伐，注意脚尖虚点地面，剑尖指斜向下方，剑指落于右手腕部，高度注意高不过眉。注意左手，驾于头顶手臂，肘部下坠，然后再上半步，右脚上步，向上点剑，左手剑指，由右侧向左侧划弧。驾于头顶后，左腿抬起，形成独立之势。注意腕部，略微上翘，然后完成蛟龙出海动作。这个动作需要用剑拨开点击。比如对手刺击我方下部时，剑需要从我方腿部附近从左向右挂开，然后进步点击对方头部或者肩部和腕部。先顺后走，注意，动作步法运用必须连贯，注意动作的规范性以及剑和身法的连贯性。

第五式　白猿坐洞

白猿坐洞首先是收剑，刺剑，最后收剑，往回抱的过程。这个刺要斜向下方，收之后是虚步，往后撤，撤半步跟回，手抱于胸前，剑指压于右腕，剑身放平，动作必须保持工整，剑向前刺，刺剑必须要舒展，剑身要放平，最后回身抱剑。动作要求难度并不高，主要是流畅，需要熟练。收剑、刺剑、抱剑，中间注意步形的变化。先是弓步，弓步后腿一定要蹬直，眼睛向前看剑，后手略高于头部，剑指不要太低。刺剑，回身虚步相对要低，重心放低，抱剑腕上要转圈，不要后拉，也不要太前，在胸口前方。白猿坐洞是一个防守型的动作。用法上面注意，在我方进攻对方时，对方可能会挂住我方，对方在挂住之后，进攻时，我们用吸剑的方法，回捋，带剑，这是为下一势攻击做好准备，所以它是一个防守型动作。击，回，包括前面的过渡动作，过渡的动作实际上也是个抹剑、吸剑、拦剑的过程，然后回身刺剑。

第六式　清扫尘缘

清扫尘缘是一个倒插步，剑身反撩的动作，类似扫东西一样，把灰尘扫掉。我们可以看到，动作前面有个内腕花，右脚向后撤步，左脚向后插。剑从左侧向右后方扫出，拉开，剑指从胸前向上架，驾于头顶上方，这个剑法也是一个反手，需要重整双手，防守或者攻击。以防守为主，反手为击的剑法。这个反手为击也是利用身法和步法的作用，中间做一些调解，如之前讲到的白猿坐洞动作，我方现在可以利用身法步法动作击腿。当对方刺剑，我方防守，可以利用身法，顺势而进，乘虚而入，练习当中，注意上下协调，保持精气神要充实。在武当剑的寓意中是驱逐杂念，正心正身，然后走这个剑法，需要保持清净安详的状态。

第七式　踏罡布斗

这个动作类似于龙行步，一个是拦剑、挂剑，这组动作主要利用身法步法，增加连贯性来跟着走，然后回身，最后一个上架剑，撩完之后上架，然后一个反撩，高度要求与手平齐，左手剑指驾于头顶上方，左脚随着剑法的扫、掌和剑指挂要顺势抬起，向后勾挂。勾挂的角度需要注意，两个膝盖并拢，腿抬起，保持身法的平稳，动作要求一气呵成，动作有一定难度，难度在于步法与剑法的协调性。

第八式　运转乾坤

接前式，左脚向左侧挪步，手上一个摇剑，然后右脚向后撤步，中间架剑，形成横裆步，右腿伸直，前腿膝盖向前，倾向前方，剑高度与头平齐，左手剑指放于腕部，保持平稳，头向左后摆，眼睛向左后平视，注意保持动作连贯，落步与架剑同时完成，肘不要太高，往下落，坠下来。步法注意弓步，横裆步，膝盖对脚尖，身法坐正。这是一个回身引剑的防守动作，当对手用拦剑或展剑从侧面过来，我方可以先引剑，往回引，加强他的防守动作手腕伸直，接住，接住之后使用技巧，往回拉。在武当剑中有一些近身情况，可以为这些动作做好准备，甚至还能斩腕挑腕。

第九式　引气归元

这组剑法主要体现上步，撩剑，左右撩剑。上步，撩，再上步，再撩，形成一组动作，最后到抱剑。这组剑法重点突出了大幅度的走步和撩剑，然后利用身法的角度来变化剑法的运用。上步撩剑之后应该是一个拦剑。前面架剑，我们现在利用步法是上的变化撩，从下往上撩，实际上是个点击，如果这一步空了，我可以从外边挂剑，挂剑之后利用步法再撩，这是两个点击，两个点击之后再上，后边是个提膝的动作，形成独立步，剑尖向下，右手手腕反转，左手剑指压于腕部，形成一个动作，为下一步连接做好准备。前边两个撩，步法要跟紧，上步，上步，再上步，再转身，这个必须要完整。像流水一样完成这个动作。

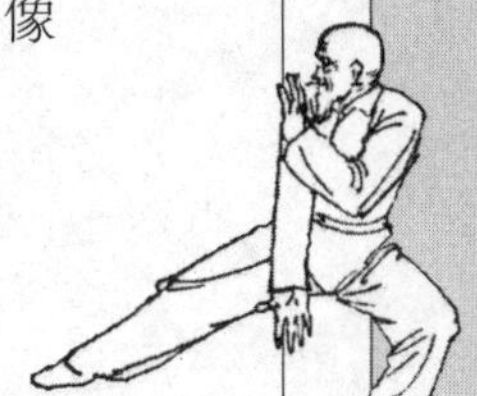

第十式　黄蜂出洞

黄蜂出洞，顾名思义像蜂从洞里出来一样。就像突然有一个东西出来，寒光一闪，中间一个刺剑。这个刺剑是转身刺剑。转身主要是通过右腿向后撤步，撤到后面然后剑随身转，向前平行刺出，以身体贴剑，注意后面剑指略高于头部。然后弓步还要做大做平，这个气势要流畅，后手略高，眼睛目视前方，最后完成这个动作。现做一个简单的用法说明，比如说对方剑法一来，我们马上一个拦剑，然后转身顺步刺剑，刺向对方胸部。这组动作起、拦、进步、刺剑，我们练习当中是一个反身，一个刺剑动作，当然也可以从正身走，可以利用不同的角度来变化。过去武当派在剑法里面有很多散剑练法，单独一组剑法，日复一日，每天进行艰苦训练不断去研究揣摩，就一定会有很多奥妙让你去感悟到。

第十一式　游龙戏水

游龙戏水是一个开步拦剑动作，走起来比较顺，架势比较低，注意连贯。左脚和右脚之间注意距离，上下连贯，先右脚开步，然后再上左脚，拦剑。拦剑身法要形成弧形拦住。这个幅度要稍微大一点，剑尖向下，剑指压于右腕，注意虚步点地面。

第十二式　白蛇吐信

该式中间有一个弧形步，左脚向左后方开步，同时转身，剑从侧面向前刺出，形成蛇吐信动作。动作需要保持收缩连贯，再开步，上左脚，点成虚步。这个动作要连贯刺收，两者结合起来。注意眼神向剑斜下方看出。这个剑法比较简单，简单伸展开，再拦过来，一吞一吐，注意放松，两肩不要紧张，低下下身，低沉就可以了。

第十三式　锁心猿

所谓锁，就是像门一样锁住。是一个开与合之间变化的剑法，注意动作开合中间的幅度，先开后合。要讲究步法后撤。剑在空中是小云剑，云开，云开之后往下收。收剑回来，同时踢右腿，形成独立式再收起。注意脚要站稳。这个剑法就叫锁心猿。空中一个小云剑，拉开然后收起，收剑抱手与抬右腿同时进行。右腿膝盖要超过胸口。保持身盘中稳，眼睛向斜下方注视。

第十四式　拴意马

拴意马，顾名思义像马在奔驰当中迅速要拴住它。要表现出速度，剑是下刺剑，往下刺，左手剑指回旋，像网套一样套住，拴住后接下来是上下两种不同力量。下面的剑，刺剑要迅速，后手套马，形成剑指架于头顶上方，然后上右脚，抬左脚，形成独立之势。上手尽可能伸直，抬腿独立步放于左侧，不可以往前走，身体稍微略带倾斜，剑身，剑面，剑尖都斜向右下方，动作力求连贯。

第十五式　回光返照

实际上这是一组转身拦剑动作，左右提拿，转身。这是一个小圈步，最后上右脚，剑向右上方提起，高度要超过头顶，略高于头顶。眼神向左侧看出，平视，目光集中。这也是一个小跟步，形成高位骑龙步，骑龙桩。这个转身过程中，很多东西是利用身法来展示剑法。其中一些用法包括一些运动规律。这个提，剑法必须在起手的过程中先顺，怎么拦住，然后再背转身法，走上，完成一组动作。这个看起来复杂，其实就是掌握运动规律，练好圈步、跟步。重点就是提拦完之后要架高，不要太低，高于头顶。

第十六式　举圭朝圣

这个动作是一个左右挂剑上挂的动作。挂剑中有反挂，有正面的拦挂，重点是还是通过步法转身，然后上步架剑。在完成架剑动作后，左手剑指向前推出同时抬起左腿，形成独立式。腿要求要平，剑指与膝盖与肘部相和、相对。臂部略带弯度，剑指向前推出放平，剑指向上。这组动作中，剑力争放平，不要低，也不要高，臂向后拉开。剑指伸开，向前推出，眼睛平视，控制住抬起的左腿。整体是一个上剑举手提膝独立的组合动作，注意协调统一。

第十七式　青龙回首

接上式，右脚向前落步，形成弓步，同时剑尖向下向后反插之后转手，完成刺剑，后手剑指在腰部向后直出，要求弓步步伐较大，前腿弓平。这个动作难度较小，主要要求落步及剑法中的反插、拧剑、反转和刺出。后手剑指要求高于头部，这个动作属于攻击性动作，属于防守反击。当对方刺剑，我方反手挂住剑，然后翻转刺出，或者往上刺腰。练习中注意腕部和肩部放松。

第十八式　凤凰点头

顾名思义，动作是提剑和点剑，注意收剑中有一个掤剑的动作，掤剑是用腕力向上反掤，左手搭于腕间，右脚抬起形成独立步，然后掤剑收回。要求抬腿落步连贯，抬右脚再落右脚。手腕上挑，用腕力将力量通过剑身传于剑尖，左手剑指由前向后反架，反式在头顶架起，左腿顺势抬。形成独立步，点剑。这个动作需要前进、回收、落步、抬腿一气呵成。点剑时腕部力量要求出来，腕部略带弧形，增加腕力，点剑力量要力透剑尖，后手跟上，保持重心平稳后抬腿。抬腿高度要求超过腰部。用法中，当对方刺击我方上三路时，且我方空虚，我方只能撤身，身体后撤，用剑反掤，抬腿，借助掤剑这一瞬间，向前点出，点对方头部或者点腕。

第十九式　金蛇缠柳

注意圈剑，剑尖是从右向左再向下移动，圈剑要利用腕部的转动和身法的转动来完成。步法还是撤步，撤右脚，撤左脚，再撤右脚，总共五个圈剑，撤步要求四个撤步，接右脚上步，开始向左侧拦剑，先上右脚，再上左脚拉出。注意定型步法，后腿跟步，形成小骑龙步，拦住。注意利用身法，配合剑法缠绕拦住对方的进攻，注重腰肩剑的配合，步法上要求脚尖的力量和重心前后偏移，与剑结合，剑动身动，最后形成一个整体，动作幅度要求如流水般贯穿。当对方刺剑时，我方圈剑，再刺，收剑再圈，转身形成拦剑，截腕，截腿，根据实际情况决定何时收放攻击，进行提拦、防守动作。

第二十式　叶底藏花

顾名思义，是一个暗藏玄机的转身剑法，中间表现了招式的深藏不露。注意剑与身走，左脚一个小回环，扣脚转身，右脚盖步，注意要以一个脚为轴心旋转，剑法注意身前云剑。随着身法的转动藏于肘部，左手剑指放于左肩前。剑放于左手肘部，肘下两腿扣拢，两腿形成夹马桩，如同骑马一般，把马夹住。身体略微向右侧倾斜，眼睛看向剑尖前方，形成叶底藏花之势。当对方开始刺剑，我方把剑挂住，起上身攻击对方裆部、腿部以及肋步，利用运剑及转身完成动作。

第二十一式　力劈华山

先上步，一个小圈步，上步，再进步，进步同时要提前提膝，将左腿提起，同时劈出。圈步过程中注意踢腿，中间形成一致。用法上注意在拦住对方的剑后，上步，劈击，或者从内侧拦截劈出。这个剑法落地要快，脚步要小，上步迈步要快，左手剑指向后展出，出剑迅速，后手高于头部，膝盖落平，是一个变化快速的动作，先拦，再上，劈剑。如同劈山一般，力求用臂力、腰力带动。

第二十二式　抽梁换柱

撤右脚，然后架起，右手引剑上架，左手剑指落于右手腕部，向后引，然后剑开始向下劈，往回收抱，放于腰间。左手剑指从右向左上架，然后剑向前刺出，要求架剑，臂略为伸直，剑指把它扣住，不要太弯曲，刺剑。注意弓步要稳，放平，剑不可以歪斜，上下都不要歪斜，要放平放正。从后面先架，然后再一个刺剑，形成一个抽梁换柱之势。剑是立剑，不可以平剑，立剑刺出。用法是上刺剑，先拦住，然后身法下沉，下降，挂剑，刺中心。下面架剑要顺势，不可硬架，顺势之后用身法走，再刺剑，这个可大可小，平时练习要舒展。再进剑，进剑先腰部发力，刺出。也可以小的架剑，回腰，刺剑，同样可形成一个抽梁换柱之势。

第二十三式　顺水推舟

顺水推舟是一个顺势拦剑的防守动作，主要是步法向后撤步，以右脚向左后方撤步，然后左脚扣步，右脚向有后方撤步，右手持剑往回顺带，先顺势顺带，像在水中行舟一样，把它推出。这个动作也要力求连贯。侧身动作，一个是弓步，弓步要低，落地要稳。剑基本是一个平行剑，头要拧头，眼睛向左后方平视，左手剑指搭于腕部，右手持剑，高不过头，低不过胸，注意神态。剑身平放于左臂臂弯处，顺水带剑在运用当中是一个中间利用身法引带的过渡动作。有些人从腰部走，刺腰部。根据地形身法，可以利用在身法上的变化，走，刺，拉开，一个拦剑，顺势拦剑。在其他兵器里面，在攻击当中，也可以用此身法来变换。甚至我们用一个步法，向后撤步的原理来化解对方的攻击力量。往后撤步，把剑拦开，以防止它对自己的攻击，这也是一种运用步法来转换角度，加强防守的动作。

第二十四式　点窍冲关

这组剑法分成两部分，一个是顺势抹剑，然后转身上架剑。撤步，一个抹剑，然后剑身翻转，翻转之后重心向前偏移，左腿抬起，上架。前边两组剑法必须结合起来，先是右脚向后撤，撤好后重心在左腿，转身抹剑，然后往回带，上架，提左腿架剑，一个平抹，带剑，提拉，上架。前面有一个动作跟这个有点类似，要求也大同小异。

第二十五式　月敲山门

接上式，左脚落地，剑由上向下反挂，挂剑，然后沿身体左侧划弧，转圈，反转，剑尖由左侧向上向右划弧，然后以腕为轴，同时上右步，反挂，反挂以后左手剑指随剑身而运动，左脚有一个小回旋扣步，右脚与左脚并拢，震脚，同时掤剑，掤剑和坐腕要同时进行，剑身竖直，像敲门一样。重心偏移，下蹲。这个有一定的复杂性，重点是练好身法。也是一个防守动作。

第二十六式　拔草寻蛇

右脚向右侧开步，形成拔草之势，先左后右拔，然后是脚，左脚收脚，收脚之后往后撤出再形成划拔之势。右脚与左脚会合，再往回回拦。这个剑法重点是回拔，像拔东西一样，拔开，再拔。中间三步。用法是：对方刺腿，先拔开，再返还刺，再走，再刺。这个拔在剑法技击法里面重点是防守对方的攻击，中间利用步法、身法，转折掌握动作的节奏快慢来达到防守的效果。

第二十七式　聚气凝神

接上式，中间一个小运剑，空中在面前一个运剑出来，左脚向左跨出半步，运剑，同时抬右脚，提膝，形成独立式。然后左手剑指压于剑柄。注意右手肘部收回，夹肋，形成一个凝聚之势。剑尖略向下，在中间就是加个运剑。脚和抬腿、提膝、独立要连贯。

第二十八式　灵猫扑鼠

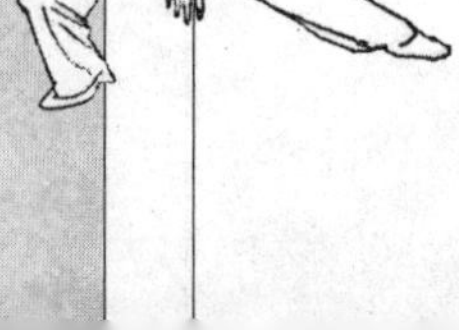

灵猫扑鼠，顾名思义，有蹿动跳跃扑鼠之意，讲究迅捷、准确、灵敏。先从提膝走步开始，剑向前送，是一个引申的动作，然后同时脚向前前踏，脚步落地之后要迅速利用右脚弹性，跳步，点剑。它的寓意就是要像猫抓老鼠一样，非常迅速将剑向上反掤。掤剑，左手剑指压于腕部，同时合力。所以这组动作要求要动，要跳起来，点，起身。在武当剑里面，这个剑非常特别，要求快速、准确、有力，落地要平稳，形成一个底盘的骑龙步，看起来非常威武，非常灵活机动。

第二十九式　万法归宗

万法归宗是武当剑的一个收势，中间一个转身，运剑和接剑，藏剑收剑这么一个过程。这也是在武当丹剑里面一个代表性动作，它不是直接收剑，而是转身利用身法。这个身法运转要通过收剑藏剑，左脚向左外侧外摆，右脚内扣，左脚同时再撤步。相当于在原地转一个圈。第一步、第二步右脚内扣，第三步左脚后撤同时右手之剑交于左手。右脚向左脚并拢，形成收剑之势。要求动作行云流水，但心还在运转之中，所以叫形断意不断，意断力不断，力断气不断，养浩然之正气。

四、武当太乙逍遥掌

简　介

道教文化尊太乙真人为先祖，故以祖师精神文化传承的功夫很多，武当太乙逍遥掌就是武当功夫中的奇葩，演练者为武圣宫大当家周理参道长，由于勤奋刻苦，自幼追随恩师玄德真人至今，耳闻目染，独得内家功夫之神意，周道长演练的逍遥掌，充分体现了老庄思想的清净自然，大气磅礴之神韵，在多次非遗文化纪念活动中，在国家领导人接待中展示太乙逍遥掌受到广泛好评……

太乙逍遥掌兼有太极八卦之妙，以底沉飘逸，缠丝封闭见长，于擒扑点穴中显神威，练习此掌法须拧腰坐胯，动如抽丝，行劲似波涛，惊炸抖绝，在内家功夫展示中使人耳目一新。

掌谱

行感恩礼

双脚并拢，上身弯曲呈90°，双手放松，自然下垂，起身由后脑、颈、腰、胯起伏，双手抱太极之状行礼打躬，随后双手向前划圆放于丹田，双手呈圆状。

第一式　紫气东来

左手四指并拢，放于左侧，自然下垂。右手变成剑指，向下弯曲延伸进行拉长往后收，然后侧身往前推。

要求身正、体松、呼吸流畅。

第二式　黑虎坐洞

先从左脚向左侧开步，由左后脚跟先点地，然后前脚回扣，使两脚平行，基本与肩同宽。两手放于身体两侧，垂直向下划弧，放松。

要求两个掌心对侧面，由下而上在两侧，连续三次，然后手从两侧开始放松，往前合抱，合抱之后开始伸直，连续三次，然后两手放于两侧，掌心朝下。

第三式　二龙戏珠

两手沿腹部会合，掌心朝内，食指拇指形成一个圆形，上提至胸口膻中穴，双臂向外掤出，然后双肘下落，以腕为轴旋转，手掌朝上，然后掌心向外，中掌相对向外伸开。

要求松柔圆活，自然流畅。

第四式　河车搬运（左式）

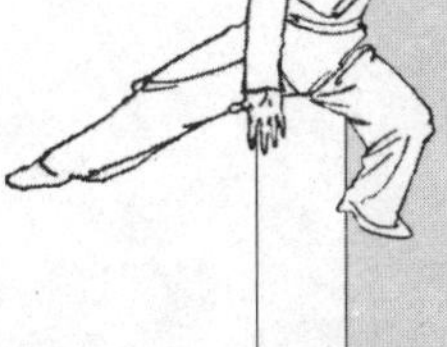

身体以腰为轴向左侧旋转，两手不动，随着腰转动90°，右腿伸直，左腿弯曲，脚趾扣地，两手翻转向外划弧，同时两掌心向外，由下向前向上徐徐升起，拳抱到头部相平，然后身体重心后移，坐于右腿，左腿伸直，右腿弯曲，双手中指相对顺胸前平缓下落，至左胯的两侧，形成小横裆步。

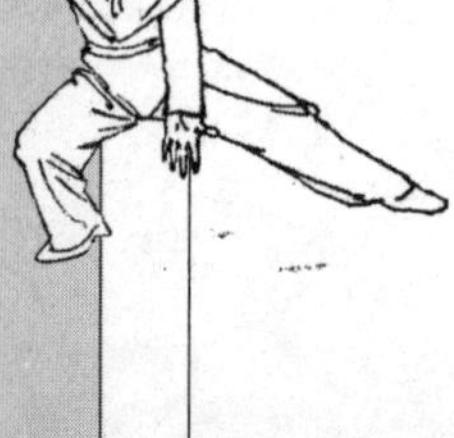

第五式　河车搬运（右式）

身体以腰为轴向右侧旋转，两手不动，随着腰转动90° ，左腿伸直，右腿弯曲，脚趾扣地，两手放于右胯两侧，同时两手翻转向外划弧，两掌心向外，由下向前向上徐徐向上转起，头部相平，然后身体重心后移，坐于左腿，右腿伸直，左腿弯曲，双手中指相对顺胸前平缓下落，至右胯的两侧，形成小横裆步。

第六式　拔草寻蛇

身体开始向左侧旋转，以左手为领手，右手随左手从右侧向左运转，同时在胸前划一个圈，两掌心朝下，左手放左膝之上，右手放于丹田处，身体放落，脚趾抓地。

第七式　二仙传道

左手旋转掌心朝上，然后抬左腿，同时右腿落地，右手掌心向下向前摸掌旋转，左手放于右肩手肘下，同时重心前移，右脚上步，左手从右肘底下抱起上架，右手手掌从左臂内侧向外撑开，按击，同时身体往回引，全身放松坐落。

第八式　古树盘根

掌心相对，双手开始旋转，前后对应，右手在前，左手在后，以身体中心为轴线下落，同时收右脚挂脚，然后落右脚，左手后引，向前劈、挂、左手放于左膝内侧，右手放于左肩处，两掌心相对成螺旋掌，要侧身向前，左脚后脚跟着地。

第九式　大雁展翅

左脚向左侧碾进，左手和右手合抱于丹田，然后身体斜身靠，然后出左肘，出左手，头看右后方，左手与眉平高，掌心朝上。右手放于右胯处，掌心向下。

第十式　燕子抄水

身体向右侧倾斜，重心偏移至右腿，同时左掌往回领，回抱，然后手从右手内侧反插穿出形成仆步，左手放于左脚之上，掌心向上。右手放于左肩处，掌心朝下。

第十一式　白蛇吐信

身体由仆步变成前俯式，同时左手出掌，向外翻转，如蛇一样，向前穿掌，掌心朝上。右手向下划弧放于右胯根，同时右脚向前上一步，右手从左手掌下穿出，左手放于右手的小臂下，两掌心向上。

第十二式　三盘落地

左手向右手再穿出，右手放于左手手臂上，同时左手反转、拧扣。重心开始向后反转，两臂和两手分别向左右两侧撑起，双掌心朝下，两臂成半圆形，左手放于左膝上，右手放于右胯处。

第十三式　饿虎扑食

左手翻转，掌心贴往身体内侧，从胸前向上划弧，掌心开始向外，然后向下，挂和拨到胯处，双掌和于丹田处，同时迈右腿，双掌向前发力，双掌下垂整体合力，掌心突出力，双掌放于右腿前，双肘内扣，双臂夹紧，含胸裹背。

第十四式　喜鹊登枝

重心前移，抬左腿，膝盖上撞，两手上托，然后左腿轻轻落地，脚跟点地，同时左、右手相内扣，双掌合力下压，上轻下重，底盘稳固，双掌心向下，左手在前，右手在后。

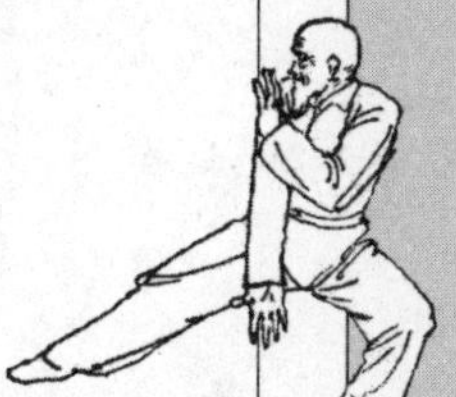

第十五式　移花接木

两手往回引，回捋至腹部开始由腰带动双手，同时重心前移，起右腿，左掌心向外，右掌心向上托，反撩托出，右脚跟落地，双手翻转，加挤裹之力，双手回引合抱，右手成弧形放于右膝之上，左手成挤形放于右胯之上，掌心向外。

第十六式　天王托塔

左脚跟步，提起，然后左手上撩，托起，左手掌心朝上，右手掌放于左掌小臂上，掌心朝下，手高与肩平。

第十七式　樵夫问路

左腿向斜45°落步，挤撞右脚跟半步，左手成半圆形，掌心朝内，右手放在左手的小臂上挤出，掌心朝外。

第十八式　青龙出水

身体以左脚为轴，左手翻掌，掌心向下，从右侧向左侧划弧，转动，右脚上步钩挂，要右随左手运转，右手心向下，平转，右手与右脚相合，左手从左肋穿出，右手掌心向下，左手掌心向上，右手放于左肋的下面。

第十九式　拨云见日

以腰为轴、同时右脚内扣，左脚外摆，左手旋转，分开，左手高不过肩，掌心斜向前方，右掌放于丹田处掌心向下，重心向后偏移，前腿弯曲。

第二十式　移花接木

双手由右向左开始翻转，同时提右腿，落右腿，然后右手引覆盖，掌心向下，横臂上前挤出，左手掌心向前保持一个小弧。

第二十一式　风摆荷叶

双手同时向下，掌心一前一后相对应，向下划弧，右脚向回钩挂，落地蹬跟，然后转身，从左侧向右侧转，以右臂为拦手，向上拦拨架拿，左脚上步，脚跟落地，形成钩挂之力，左手自下方向上运动划弧，左手掌心向前方下抱，下压，掌心朝下，左手掌心向左侧击出，掌心向前，同时右脚跟进半步，扑出之后，右手回引，同时出左掌发力。

第二十二式　白猿守洞

左手下垂，掌心向后，放于身体左侧胯旁，掌心朝下，右手立掌，掌心向左侧，放于左肩处，掌心向前，同时右脚向左脚并拢，两膝松垂，下蹲。

第二十三式　顺水推舟

右脚从虚变实，转换重心，左脚后撤，同时右手向后摆动，右手下压，然后左手向下划弧，掌心向前，由后向前转动划弧，同时右脚收回，半虚步，右掌掌心向下，放于左胸前，双手协调运动，形成琵琶式，右脚向前迈半步，左脚跟着上半步，右手掌高不过肩，左于掌高不过下巴，两掌心向前。

第二十四式　蛇雀争食

向左转身，左右手方向不变，右脚内扣，左脚外摆，转身放正，双手回捋至丹田，右脚向左脚靠拢，同时迈出，右手向前挤撞，掌心向内与头相平，左手藏于右肘下部，掌心向下，与胸相平，形成小弓步。

第二十五式　穿针引线

右手掌心向内，左手向前插出，掌心向上，左脚向前蹬出。

第二十六式　黄龙盘柱

双手往回引，左手掌心向内，右手掌心向外，同时抬右腿向上钩挂。

第二十七式　祖师映光

右脚落地，形成横裆步，两手合于胸前交叉，掌心向内，同时向下落，然后向上划弧，起手于前方，两手掌心向外，身体下蹲。

第二十八式　太和沐日

左手向左侧下落，右手在面前划弧，掌心向外，左手从右臂内侧划弧，转出，右脚向左脚后侧插步，左手掌心向前，右手掌心向下，眼睛向左侧平视。

第二十九式　月敲山门

左手向下划弧，右手上架，双掌掌心向下，左脚向后划步，同时左手随左脚撤步，自然划弧向后延伸，掌心向前方卷曲运动，右脚同时收半步，左手继续划弧，掌心向下，然后进右步，跟左脚，右手握拳，肘向前挑，右手拳放在右耳的部位，左手放于右肘底下，掌心向下。

第三十式　横扫群魔

左脚上步扣脚，扣内脚，左手掌心翻转向上，右手拳体展开与左手形成十字式，横扫，左手自右向左，平着横扫，手与身体，两脚呈90°，然后右脚上步扣脚，右手从左肘下侧穿出，左手向右划弧，收于右臂内侧，左臂开始向右侧横扫90°，双掌掌心向上，双脚扣地，膝盖微曲。

第三十一式　黑虎入洞

左手掌心向上旋转，掌心向下按，回拨，右手掌在空中运掌，掌心向上，在头顶上转一圈，同时身体自右向左旋转，右手掌心自头顶上方向前方下落，左手手掌起手，自右臂经手，向前扑按，双掌心向下，左掌在前，右手在后，形成三才桩，力量在右腿，左脚尖向前。

第三十二式　怒海奔潮

身体从左侧向右旋转，然后双手向右向内放于腹部，掌心向内，右手掌心向上，左手掌心向下，划弧，自右向上，向左侧划弧，转起然后利用身体从左侧向右侧转动，同时抬左脚，右手掌心向下，左手掌心向上撩起，左脚向前落步，同时左手自下而上翻转下拨，推按，然后身体向前靠，撞击，后右脚向前跟半步，右手掌心向内放于丹田处，左手在左膝膝盖上方，掌心向内。

第三十三式　含机藏神

右脚后撤半步，重心后移，同时左脚回半步，内扣，形成虚步，左手自腹部，经胸前以肘为轴向外拨，指头竖直，高与眉齐，右手虎口张开，十指向右前方，掌心和膝盖上下对应。

第三十四式　八仙过海

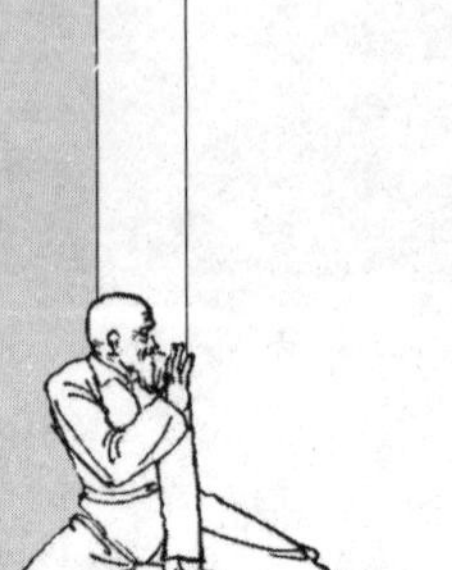

左手向右侧平行拨开，右脚不动，同时左脚向后侧斜45° 退步，然后右脚向后侧斜45° 退步，同时右手向左侧平行拨开，左手顺势收于丹田处，然后左手向右侧平行拨开，左脚退步与右脚平行，右手放于腰部，然后右脚向右侧移动，身体随之右移，左脚顺势虚部点地，右手向左上方拨开，左手按至左腰部，最后左脚向前迈出形成跪步，左手剑指向前点出，右手放于左手肘部。

第三十五式　叶底藏花

左手变手掌，掌心朝下，往回划圆，右手在左肘底部，自左向右划圆，掌心向上托起，同时左手施掌旋转抱于右手肘部下方，再同时转出，两手掌心向上。

第三十六式　雷火炼电

两手自下而上，卷抱放于两耳侧，掌心向内，右脚上半步，同时左脚跟着上步，形成弓步，双手推出，双手放平，掌心向外。

第三十七式　浑圆周天

收左脚半步，双手折叠，右手在上，左手在下，五指相对抱于腹部，两腿下垂。

第三十八式　行感恩礼

双脚并拢，双手抱太极之状，向前行礼打躬，礼敬天地。

五、武当游氏丹道太极拳十三式

简 介

太极拳创自何人？众说纷纭，早在唐代已有太极之功留传，据史料记载，承上启下，集大成者为宋徽宗年间武当丹士张三丰祖师，《明史》《太和山志》《宁波府志》《贵州志》《道藏》中都有张真人的记载，元朝以来历代皇帝下旨寻找张神仙，永乐皇帝达到极盛，并在全国大修武当道场，在数年的传播中，有继承有创新，当今世界各地流传最广的赵堡、杨氏、孙氏、吴氏太极拳传人均尊武当张三丰为祖师。进入改革开放年代，中国武术协会主席张耀庭多次提议武当祖庭内家拳的传人要整理武当太极，创新发展，游玄德道长在任武当山太和宫住持时接待全国政协原主席李瑞环时，演示武当太极拳法，李主席高兴地说武当太极没有失传，今天还能见到非常难得，这是国粹国宝啊！一定要保护好，传承好，武当武术要进学校，培养更多弟子，将其发扬光大，之后湖北省原省委书记关广富多次到武当视察，并学习武当太极拳，并向游玄德道长建议说，武当太极太复杂难学，能否编一套短小易练的新太极拳。从20世纪90年代开始，游道长即开始整理创编，25年后终于在南武当山武圣宫完成创编使命，当时定名有点难，在国家级心意拳非遗传承人李洳波大师、央视武林大会总裁判长韩建中、峨眉武术传承人吴信良、阴阳八卦掌掌门人田克延、武当道教研究会秘书长黄建军诸位同仁好友倡导下，定名为《武当游氏丹道太极拳》以感恩先祖之智，嘉勉后学。

游氏丹道太极拳法集一代宗师数十年心血，以儒家中庸思想为骨架，以道家中和理论为纲领，以佛家中空文化为法则，结合中国书画之道，行、草、隶、篆之变化，依据《黄帝内经》之精义创编完成了游氏丹道太极拳体系，即

游氏丹道太极拳十三式、二十八式、六十四式、八十一式、一百零八式。

游氏丹道太极拳的风格特点是运动如行书，圆转自如，静如隶书，四平八稳，发劲如楷书，七星并用，变化似篆书，环环相套，适合有一定武术功底的习练者深造。

游氏丹道太极拳暗含三性，即阴阳辩证的哲理性，舒展连绵之美的表演性，收放灵活的实战性。得其真传者有武当派十五代传人游理宗、周理参、陈理雄、秦理强、何理真，陈理展等，十六代弟子中以邹微清、胡微峰、许微真、王微火、程微水得到师爷亲传最多，拳架工整，是武当武术万花园中之宝，受到海内外武术界的推崇，问道南武当，学习斯技者络绎不绝。

武当武术非遗传承人游理宗出身于书香门第，武术世家，由于长期勤学苦练，他的丹道太极拳，行家评论滑如泥，柔如棉，快如箭，惊炸如山崩，气韵神韵俱佳。

但愿武当游氏丹道太极拳的问世，对丰富武当武学体系，服务于大众健康养生裨益良多。

拳 谱

起式：无极式

图1

修炼者需背北面南，立身中正，目视前方，两手自然下垂，呼吸自然，凝神静气。

行感恩礼（调心）

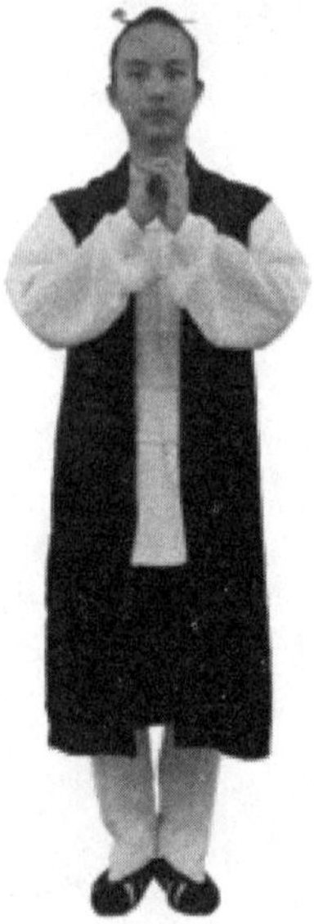

一阴一阳谓之道。左为阳，修炼者向前迈左脚一步，脚跟先落地，落地即生根，随后右脚跟上，两脚跟并拢，脚尖各打开45°，形成“八”字形；随后全身放松，头顶百会穴与脚底涌泉穴，两穴“一线牵”，即用意念牵引慢慢松腰、背、肩、颈、头，让头顶百会穴往下缓缓靠近脚底涌泉穴，两手自然下垂，保持两腿站直，膝盖不弯，此乃武当抻龙筋（脚踝后的懒筋又称龙筋），此姿势保持1~5分钟。

最后左手合抱右手，左手在外，两手合抱形成太极手印，抱拳而起，先腰动，随后背、肩、肘、手节节贯穿而起，自然站立，两手抱拳于胸前，弯腰90°，行感恩礼。

抱元守一（调息）

接上式，身体向巽方转腰，左脚向左侧迈自己脚一横足的距离，脚跟着地，脚尖翘起，随之以脚跟为轴，左脚尖内扣，双手由抱拳式向胸前正前方划弧落下，在丹田处结“抱元守一”法印（双手虎口撑圆，相叠在一起，左手在下，右手在上，两手大拇指轻轻相触，形成抱元守一之式）。结手印后，开始闭目调息，气源在丹田，以意念为媒介，由鼻子来执行，吸气到头顶百会穴（意念导引），吸要吸满，吸满后慢慢呼气，呼气至脚底涌泉穴（意念导引），呼尽为止，此一吸一呼谓之调息一次，武当太极拳一共调息三次。

顶天立地（调身）

接上式，两臂向身体两侧慢慢展开，顺序依次是肩开、肘开、手腕开，直至双手到达身体两侧的腰胯处，此时双手翻掌，掌心朝下，掌根下按，竖颈上顶，下颚微收，头部虚灵顶劲，形成上顶下按顶天立地之式，对人体抻筋拔骨、益寿延年。

第一式　朱雀迎门

接上式，身体从顶天立地之式瞬间放松，手指掐“朱雀法印”（大拇指与中指相接，其他三指自然伸直，形似朱雀，故曰朱雀印）向前慢慢抬起两臂，再向头顶上方领起，等两臂靠近两耳时，脚跟离地拔起，手腕弯曲下垂，形成朱雀飞翔之势，保持3~5秒。五指横掌相对，顺着头顶、面部、胸部……缓缓落下。

第二式　玄武坐殿

接上式，上肢姿势不变，下肢屈膝下蹲，膝盖向外撑开，同时脚跟抬起，此乃保持头顶百会穴与会阴穴上下垂线中正不变，开胯、气沉丹田，四平八稳，凝神静气，眼睛平视前方，不怒而威，体现玄武大帝的仁威之态。

第三式　龙虎环抱

接上式，双手顺着两腿内侧向前经膝盖绕至腿外侧，直至双手相叠于身体命门穴两侧的腰眼处，用双手手腕骨内侧挤压肾俞穴，同时鼻内发“哼”声，此乃道家六字诀，打开肾门，强肾固本。

第四式　无极站桩

接上式，双手从背后回到体前，五指向前，与肩同高时，上肢保持姿势不变，双腿慢慢站起，等腿站直时，把两手收回胸前，手心朝下，五指向前，慢慢向下回落至两腿胯根；手回落的同时腿部屈膝下蹲，膝盖垂线对准脚尖，收腹提肛，含胸拔背，目视前方，形成无极站桩。

第五式　云盘龙掌

接无极式，身体向右转腰，保持下盘不变，脚不动，等转到身体正右侧时，右手开始翻掌，手心朝上，五指自然张开，掌心含空，双手从腰胯旁缓缓升起，与肩同高时，保持姿势不变，开始腰动，用腰带身动，向左侧转腰，等转到身体正左侧时，双手手心、手背状态互换，同时腰带身动，向右侧回转，直至转到身体正右方为止。

第六式　蛟龙入海

接上式，右手翻掌，手心向上与左手十字相合，合于右胯，转腰，腰转平圆至身体左侧，双手从左胯打开，手心向上升起，方向为前后45°，眼睛看左手，同时双腿慢慢站直，左手手掌虚握成拳状，两手同时从身外向身内划圆，两手在身前相交，左拳从右手合谷穴处穿出，手眼同动，眼睛目视前方，右掌立于胸前左侧（护心），左拳划弧回落至裆前（护裆），同时腰转、背裹、肩合、肘顶、左手栽锤，拳面向下，形成周身拧裹劲。

第七式　白鹤亮翅

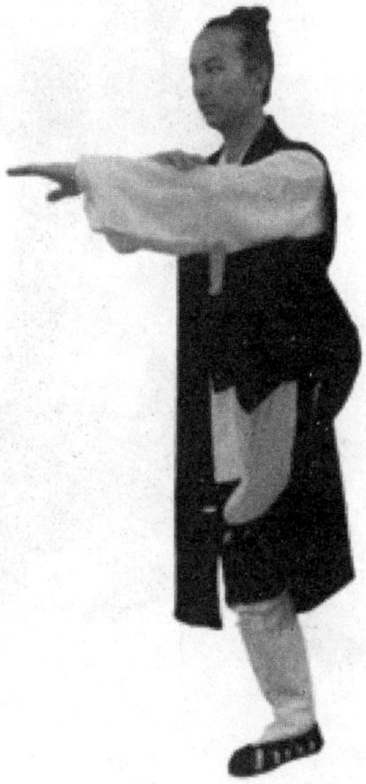

接上式，左手由拳变掌，掌心朝下，右手轻放于左手肘窝处，以腰为轴，用腰带肩，肩带手，手从里往外划一个完整的平圆，随后，抬起左脚，肘与膝合，向左后方40° 退步，形成右虚步，同时，右手从左肘窝处沿左手的方向 ，与左手撑抱而开，形成仙鹤亮翅之势（此势为李小龙截拳道经典动作的原型），随后，腰继续右转，右手划下弦弧回到右胯边，左手划平弧到达右手刚才的位置（与右腿方向一致），头颈随之右转，形成鹤回头之象。

第八式　天王托塔

接上式，腰往左回转，腰带动右肩，肩带手，右手与左手相合于右脚前方，两手同时向身体两侧划立圆，再次相合于右膝盖前，右手略前略下，左手略后略上，随后抬起右膝，两手同时上托，成托塔之势，手脚齐到方为真，眼睛目视右手前方，独立守神，不怒而威。

第九式　凤凰三点头

接上式，右脚落下，脚跟着地，脚尖翘起，左手内旋，右手外旋，以腰为轴，腰带背，背带肩，肩带手，向左旋转，同时，松腰下胯，下盘成小骑龙步，右手到达身体中线时，左右手同时旋转，手心向前方，形成右手横掌向前，左手立掌向前推山之势，整个身体向右前方推进，同时左脚跟上，左脚跟靠近右脚跟（武当一字步），左脚尖着地，脚跟翘起，同时整个身体向下松沉，头颈正直竖起，等身体松沉至腰胯与膝齐时，瞬间左脚掌发力，反弹起整个身体，右脚顺势垫步起与落，同样脚跟着地，脚尖翘起，双手由掌心向前变为五指向前，十指瞬间撑抱发力，形成鹤点头之象，发完力随后放松，腰向左回转，双手同时外旋随动，下肢成小骑龙步，重复上述动作……直至第三次形成推山之势，完成凤凰三点头。

第十式　合十字手

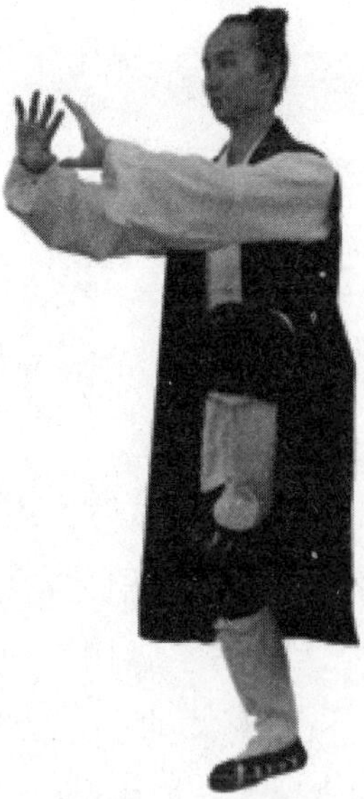

接上式，抬起左膝，左脚由外向内勾挂，双手虎口相对成抱球状，独立守神，随后左脚侧蹬而出，落左脚跟、翘脚尖，同时重心转移，由右脚独立支撑，转换成左弓步，双脚支撑，双手随之向两侧展开，掌心向前，松腰落胯，形成八面支撑，双手从两侧继续划弧而下，在丹田处相叠，同时右脚与左脚靠拢，此时身体呈猴蹲式，含胸拔背，虚灵顶劲，拳经云“力起于脚，传与腿，达于背，形于手指”完成全身之力合于手掌之十字手，此时身体直立，双手十字相合于胸前。

第十一式　迎风掸尘

接上式，身体松沉下蹲，含胸拔背，如弹簧般蓄势待发，瞬间腿部向上的弹簧力与身上背弓向前的放箭力合二为一，整个身体如炮弹爆炸般凝聚于双手瞬间击出，发力后，双手迅速放松，掌心朝下，向身体右侧方捋按。左手在前，右手在后，成伏虎式，完成迎风掸尘式。

第十二式　月敲山门

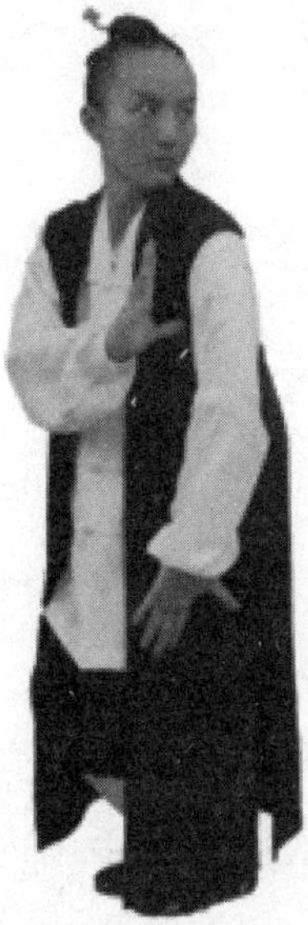

接上式，左手由外向内划下弦弧，靠近左膝，右手由内向外划平弧，立掌于左肩，同时，左脚向左侧横跨一步，整个身体重心向左侧推进，右脚跟上并与左脚并拢，此时左手手心向外，立于左腿外侧，右手手心朝外立于右肩前，左手由内向外旋转成手心朝上，同时左臂抬起右臂下按，右脚向右前方45° 迈步，左手抬臂靠近耳旁，左脚跟上，由腰带背，背带肩，肩带手，左手迎面推掌而出，高度与肩齐，右手下按至丹田，完成月敲山门之式。

第十三式　将军开弓

接上式，左脚独立，右脚抬起，向右后方45° 退步，松腰落胯成骑龙步，同时左手在左侧由上而下划圆，右手在右侧由下而上划圆，两手时而分开如白鹤亮翅，时而相合如沉鱼落雁，此时，两掌相交，右手合于左肘下，左手横掌推出，两手间如抱球而滚，继而右手横掌推出，滚球一圈后，右手变反背掌弹出，右手回，左手变反背掌弹出，双手如缠丝般交错弹出，随后左右手如鹰捉式，由手掌变拳似抓物般收回身前，右拳在上，左拳在下，同时提起左膝成独立式，右腿向前方45° 落步，后脚蹬地，力传腿、达于背，两拳合击而出，完成下肢弓步，上肢龙虎环抱的将军开弓式。

收式

接将军开弓式，右脚上半步与左脚平齐，间距与肩同宽，同时两手握拳十字相合，继而，站直双腿，放下双手，双手向身体两侧伸展，与肩同高时翻掌，由手背旋转成手心向上，两手捧气灌顶，到达头顶上方时，手心朝下，气沉丹田，等双手回落至丹田处时，两手向外旋，五指向前，屈膝下蹲，两手结抱元守一法印。

行感恩礼

先退左脚，再退右脚，全身松透，两手自然下垂，头顶百会穴与脚底涌泉穴两者“一线牵”，随后，抱拳而起，叩首，回身成自然站立式，回归无极混沌。

六、武当太乙拂尘

简 介

道教传承中历代高道均配有拂尘法器，从太上老君到八仙吕洞宾，再到武当祖师张三丰真人均随身佩带拂尘，不离左右，在武当派文化传承中，拂尘既是一种道教法器，也是一种独特的功夫兵器。

武当太乙拂尘的特点是柔中带刚，以云、扫、点、挂、缠、撩、劈、架为纲领，讲究大开大合。

演练者是在江西龙虎山天师府授箓的十六代弟子邹微清道长，由于天资聪慧，勤奋好学，品格敦厚，受到师爷玄德真人的点拨秘授。微清道长演练的太乙拂尘潇洒美妙，行如天女散花，静似古树盘根。武当太乙拂尘作为武当派功夫的奇门兵器，也受到了世界各地爱好者的喜爱，目前意大利、法国、德国、西班牙、加拿大、美国的十六代洋弟子都喜欢演练武当太乙拂尘，洋弟子中以十六代弟子意大利游微成、游微妙为优秀代表，如今城乡人们生活富裕，太乙拂尘也开始融入千家万户的健身大潮中。

拳谱

起式

身体自然站立，左手持拂尘，右手下垂，面南背北成子午线，两目平视，头正体松神凝。

行感恩礼：右手持剑指自下而上置于右胸前，躬身行礼成90°。

第一式　指天按地

右手剑指上扬，竖于头顶上方，剑指向上，手臂伸直，经面前下按于腹部丹田处。

第二式　怀中抱月

左脚向左侧开步与肩同宽，双手在胸前交会举过头顶，两手左右分开，环抱于腹前。右脚上半部，左脚紧跟上步成虚步，身体下蹲。

第三式　引气归元

右手剑诀向右后划圆，经头顶按于腹前。同时右脚紧跟步，目视左侧。

第四式　推窗闭月

左脚向左侧开步，双手向右侧划圆、右脚向左后倒插步，双手继续向外划圆，经头顶向左前方推出，置于左膝前，成三体桩。

第五式　苏秦背剑

右脚上步外摆，左角上步内扣。左手持拂尘与右手剑诀，随身体划平圆。右脚倒插步，身体右旋转，右手拂尘上扫下扫，藏于背后。拂尘挂于左臂弯部，此时成右弓步，左手剑诀亮指在左肩前。

第六式　铺天盖地

左脚向右前方上步，右脚上步内扣，左脚继续划弧外摆，身体左转，右手拂尘自上而下盖出，左手后伸与肩平，成右弓步。

第七式　移步换影

身体左转，右脚随身转上步，右手拂尘向前撩出在胸前划圈，左步后退，右脚并步，随即上步成弓步，左剑诀在左后侧平伸，右手拂尘向前甩出。

第八式　平步青云

身体左转成左弓步，右手拂尘平扫置于左臂弯处，左手在左肩前推出，右脚向左侧盖步，双手交叉胸前后向前后连续三次平扫，步法形成三连环，目光如闪电，先左后右，随拂尘平扫而动。

第九式　鲤鱼化龙

右脚向前半步，蹬右脚成右弓步，右手拂尘从上向下，随身体左转连续划圆，右脚上步、左转身左脚退步，随即右脚并步后，向右前方上步成弓步，右手拂尘经左侧划圆劈出，左剑指向左后平伸。

第十式　十字拨红

右手拂尘划“8”字圈贴于背部，并迅速从右肋下弹出，身体左转右脚尖点地，右脚上步，左脚紧跟倒插步，右手拂尘分两次前后抖击。

第十一式　叶底藏花

右脚后退成骑龙步，左腿弯曲，两手交叉抱于胸前，随即右后转身，右手拂尘向后平扫，左剑诀向左伸展。

第十二式　魁星点斗

右手拂尘运转举过头顶与左手剑指相合，右脚进步，左脚紧跟步连续三次配合运扫前行。

第十三式 怀中抱月

左脚上步成虚步，两手经面前划圈合抱于腹前。

第十四式 天女散花

抬左脚向前蹬出，身体右后转成侧平衡式，右手拂尘向右前点击，左手剑诀先收后放置于左后与肩平。

第十五式　童子问路

　　身体右转，左蹬脚迅速收回成左独立步，右手拂尘架于头顶上方，左剑向左前方推出。

第十六式　青龙回首

左脚上步外摆，右脚上步内扣，身体左后旋转，成骑龙步，左手剑诀掌心向下，抱于胸前，右手拂尘藏于左肋下，上动不停，右脚向右侧开步成仆步式，右手拂尘从左向右下扫击，左手剑诀指向左后平伸。

第十七式　翻花舞袖

身体左后转动，右手拂尘自右向左撩击，经面前划圈，在背后向左前方撩出击，左手架于头顶上方。

第十八式　夫子三拱手

连续上步，右手拂尘绕身体左右反撩推出，左手架于头顶。

第十九式　三环套月

右脚后退，左脚连后退三次，右手拂尘与左剑指前后环套三次，向后撩击，左脚倒挂成望月式平衡，右手拂尘向右后甩出，左剑架于头顶上方。

第二十式　麒麟献宝

左脚落地与右脚平行，右手拂尘下落与左剑指交会于腹前，左弓右蹬成骑龙步，右手拂尘在胸前推出，左手架于头顶上方。

第二十一式　迎风弹尘

右手拂尘自左向右划圆藏于后背，拂尘置于左臂弯部、左剑指收于胸前，双脚并步站立。

行感恩礼

身体弯曲90°，躬身施礼，谢天地恩，谢师恩，两目平视，气沉丹田，回归自然。

七、武当微太极拳

简 介

武当微太极是内家祖庭一代宗师玉京子结合数十年修道习武心法创编而成，旨在方便广大读者养生保健所用。武当微太极也是大众一小时就能学会的武当功夫，其拳架结构科学合理，符合人体运动规律，对调理气血，伸筋拔骨有明显的效果，是一套优秀的武当功夫精品。其运动特点可高可低，可大可小，既能整套练习，也可以单式反复演练，中正安舒，非常适合中老年人养生保健。武当微太极另一个特点是不受年龄、时间、场地的限制，随时随地可以锻炼，也是全球推广普及的武当武术优秀套路。因为简单易学，所以很适合工作繁忙的人士选学，相信结缘武当微太极对您的事业，生活观念，家庭，心境都会带来意外收获。微软、微信、微太极，2018年是中国进入“一带 路”的新时代的开启之年，武当微太极也必将随着“中国梦”走向世界，成为人类健康之法宝。

拳 谱

无极式

自然站立，两手下垂，两目平视，不偏不倚，中正安舒，气沉丹田，面南背北。

行感恩礼

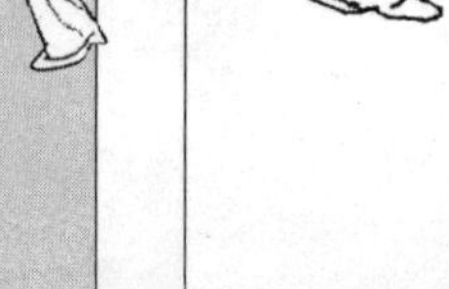

左脚向前，右脚跟进并步，弯腰成90°，两手抱太极阴阳诀手印，慢慢起身行稽首礼。

抱元守一

身体左转，上左脚内转，两手太极诀环行向前放出，落于腹部丹田处。

第一式　老子出关

左脚向东南方迈出成川字马步，两手下按经腰胯双外缠丝，向左前方捧出，掌心向上，高于眉齐，沉肩坠肘，目视左上方，腰右转，双手向右后捋，左手掌心向上，右手掌心向下，两腿成马步，松腰坐胯，目视右掌，随即左转腰，左臂挤出，掌心内旋向下，紧接着右脚并步落于左脚后，双手掌心向下按于左肋部。

第二式　云手单鞭

提起右腿成独立步，左手在上，右手在下，掌心相对，环抱于左肋出，目视右方，随即右脚落下脚跟着地，右手慢慢捧出，掌心向内，左手下按置于左胯旁，右腿成弓步，重心左后移，同时右手内缠丝成勾手，左手在腹前划圆，托于右手下，抬左脚高于腰平，在向左落步，脚跟着地，左手经面前向左捧挤，掌心向外推出，紧跟着双手内合计与肩同宽，双腿成马步。

第三式　太公钓鱼

左脚进半步，右脚跟半步，左手下采，右手上捧，目视左前方，紧跟着右脚后退，左脚回收成虚步，右手下采，左手上掤，右脚震脚右腿迅速抬起向右侧开步，成骑龙步，右手上架挤出高过头顶，左手经腹部抄起，置于右肩前，目视左前方。

第四式　左右蛇形

左脚并步靠在右脚内侧，环形外摆，左手内旋挤出，高与肩平，右手按于右胯旁，成左弓步。上右脚并步环形迈出成右弓步，右手内缠丝向右前方挤出，左手按于左胯旁。

第五式　金龟戏水

左脚根步落于右脚后，微下蹲右实左虚，左手后展，右手前送，同时左脚后退，右脚回收成虚步，右脚迅速上步，左脚紧跟并步，双手内缠丝合力向右前方按出，目视右下方。

第六式　倒撵猴

双手抱球内旋转抱于胸前，左手在上，右手在下，掌心阴阳相对，两掌互换，旋转左手在下，右掌在上，同时退右脚成倒插步，左手后展，掌心向上翻转，左脚回收成虚步，左掌经耳根向前切按，同时右手引进回收于右腰间，掌心向上，两腿成骑龙步，腰胯拧动，前后争力。

第七式　斜飞式

抬右腿成左独立步，双手合抱于胸前，左手在上，右手在下，右脚迅速后退身体右转，右臂高位挤出，左手下按于左胯旁。

第八式　八仙过海

右脚提起外摆，身体右转，右手下采，左手向右前方挒出，抬左腿迅速下落，同时左手内缠丝与右手合于胸前，整体发劲，双手向左前方挤靠撞击，目视前方。

第九式　弯弓射虎

上右脚外摆，再上左脚内扣，如同八卦蹚泥步，双手掌心向上，左截右拦向右前方捧出。再上左脚内扣，双手同时向右侧领带，抬右腿成独立步，双掌拍大腿，向左后捌出，右脚向右侧上步，双手握拳抱于腹前，左拳向左前方打出，右拳架于右耳旁，成右裆步，目视左前方。

合太极

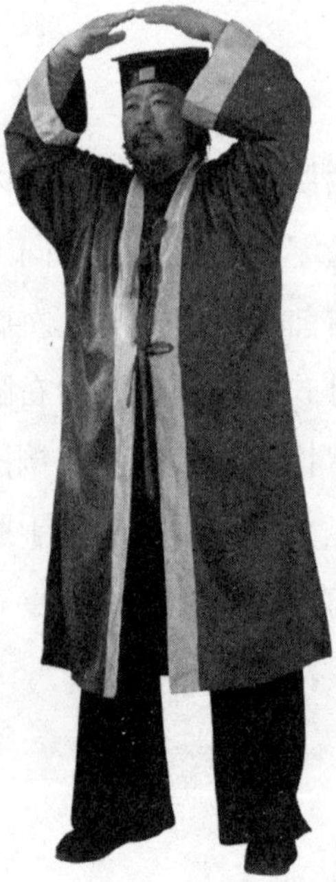

左脚收半步与肩同宽，两手合抱于腹前成混元诀手印，目视正前方，双手左右外展翻转过头顶，十指相对经面前慢慢降于腹部丹田处，紧接着双掌外缠变成混元诀，万法归宗，复回无极式，自然站立收功。

八、武当玄武拳

简 介

武当派道教信仰玄武大帝，在南武当山地区当地民间尊称为万法祖师，披发祖师，赤脚大仙。武当玄武拳是依据天文学二十八星宿演变而来，在《易经》中有“前朱雀，后玄武，左青龙，右白虎”之说，故玄武信仰由来已久。武当玄武拳是武当派的镇山之拳，尚存玄武棍、玄武刀、玄武剑、玄武内功吐纳术等丰富内容。

玄武拳的特点以龟行蛇腾为纲领，讲究五行生克，八卦变化，九宫定位，是武当武学体系非常珍贵的优秀套路，目前传人较少，只限于亲传弟子习练。

拳 谱

面南背北成子午线，自然站立，竖项、松腰、两手下垂、意守丹田。

行感恩礼

左脚上半步，右脚跟进并步，躬身90° ，头手自然下垂，随后左手抱右手，成太极诀行稽首礼，神态泰然安详，威仪庄重，双手太极诀上抬收于胸前。

第一式　混沌初开

左脚向左前方迈半步，脚跟着地，身体向左侧转45°，成巽向乾位，随即左脚内扣与右脚成平行线，与肩同宽，双手向前掤出成太极诀落于丹田处。

要点：身正体松，凝神静气，呼吸绵绵。

第二式　无极桩

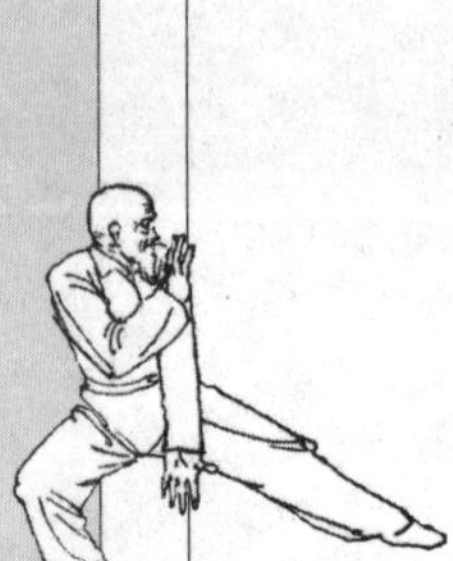

双手下按，十指向前，两膝弯曲成马步。

要点：四平八稳，落地生根。

第三式　口吐莲花

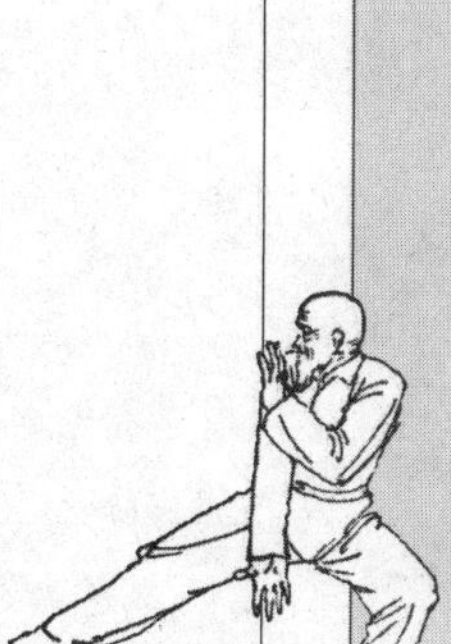

左手向右侧撩起，掌心向左高与眉齐，身体右转，拧腰坐胯，右手下按不动，眼向右前方。左手转腕内缠丝横动自右向左挤出，落于左胯前，掌心向上，上动不停，右手从腹都合抱托起至右肩前，掌心向右，随即内缠丝转腕，自左向右挤出，身体右转，右掌心向右前方，左手抱于丹田处，上动不停，左手于右掌交合，同时抬左腿，脚尖上扬，向左侧方向开步，脚跟着地，双手左右分掌，如莲花盛开，同时蹬右腿，左腿弓出，膝与脚夹齐。

要点：心领意随，力右脚跟起，传于腰达手，体现内家拳缠丝拧转劲，武当内家拳注重身备五张弓之劲道，故此式体现五弓弹簧之力，须圆活，蓄而待发。

第四式　月敲山门

右手握拳经胸前向左前方崩出，同时右脚抬起并步，左手立掌置右臂内侧。

要点：动作迅疾，轻灵通透，握拳成梅花状，有点穴之能。

第五式　灵官架鞭

身体右转，右手向右后架起，左手内旋掌心向外置于胸前，右脚抬起与胸齐，脚尖上扬，全身如拧麻花劲。

要点：身体拧转与手脚形成整劲，动作潇洒，气贯长虹。

第六式　力劈华山

右脚上步，左脚紧跟并步，右手自右后方向左前方劈出置于裆前，两腿并蹲。

要点：劈掌迅猛，腰马合一，收发自如。

第七式　海马吐雾

上右脚成弓步，右掌向前方挑领，高于头平，左手掌心向下按于左胯旁，随即抬左脚成独立步，双手托掌合于胸前，迅速收回，双掌内旋向正前方撞出，同时左脚上步成三体式（三七步形）。

要点：全身如火烧，整劲撞出，且如雄鹰。

第八式　黑虎巡山

右脚向右斜前方上步，左手向右前方弹出，右手按于左臂内侧，左脚弧形上步，左手经右臂转环向左前方摔掌，右手掌心向下置于左肋下。左脚随即后退，右手经左臂向前弹击，左手置于右肋下方，身体重心后移，成右虚步，左手立掌推出，右手握拳收于右腰间，迅速上右步成骑龙步，右拳与左掌形成合力向右前方冲击（左右式动作相同简略）。

要点：手脚动作必须一气呵成，快似车轮，上下连击，进退自如，身法闪展轻灵。

第九式　流云抚松

重心后移，左手内旋掌心向下，缠绕与右掌连环封闭，头如波浪，左脚收回成高虚步。

要点：动作轻灵，如影随形，粘连粘随，身如闪电。

第十式　蛟龙入海

随即左手外旋外挤、右掌外旋外挤，连环上步成登山步形，双手自腰前向后翻转，左手握拳经左耳向右胸栽锤击出，拳心向下，右手按于左臂内侧。

要点：动作迅速连贯如惊蛇，手脚合力松沉。

第十一式　喜鹊登枝

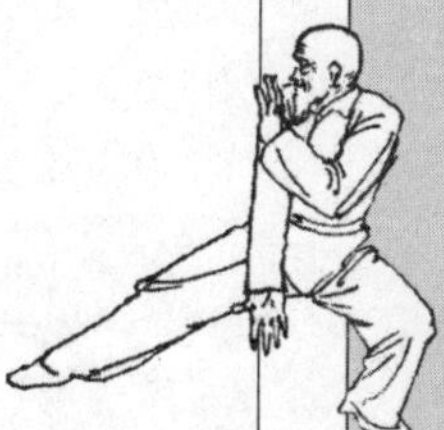

双手上架翻花舞袖经头顶向左右分开下落、会于胯侧，同时左腿抬起向左侧前方蹬出，双手同时交会成莲花状向左前方托起，高与肩平，左腿弓成左骑龙步。

要点：双手如门大开大合，左脚蹬出，力透脚跟。

第十二式　古树盘根

右脚后退，同时左脚成倒插步置于右脚后，左手下按于右胯前，右手按于左肩前，左脚上步，左掌向左前方撩出，右手按于左胯处。

要点：后退连贯，身法收放自如。

第十三式　叶底藏花

右手上挑内旋，同时上左脚内扣，左手掌心向上抱于右肋下，右手栽上掌心向下。

要点：动如旋风，手脚形成上下拧动。

第十四式　丹凤朝阳

两脚不动，以手带腰向左后拧转，左掌向左后捌出，右手掌心向下，按于左肋下。

要点：此动作要有虎坐鹰翻之势，迅雷不及掩耳，体现灵动性。

第十五式　天马行空

蹚泥上右步扣脚，迅速抬左脚成独立步，左手按于左胯处，右手向右前方探出。

要点：转腰轻灵快速，动作圆活。

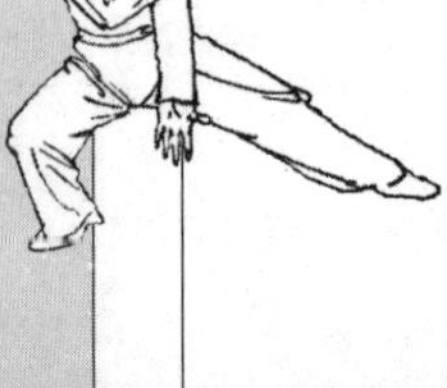

第十六式　仙人指路

左脚上步成三七桩，左掌向前扑按，右掌按于腹部。

要点：上步要快，落地要稳，八面支撑。

第十七式　陆海奔潮

右脚外摆上步，双手合抱于右胯前，左脚上步，同时双手经胸前向左前方虎扑按出，连续三个虎扑。

要点：手、眼、身、法、步协调一致，从不自然中找自然，拧转撞击要有整劲。

第十八式　大鹏展翅

双手向右方捋带，随即右手上挑，右手后撩，左脚向右前方上步成虚步状态，目视左后方。

要点：身法需在奇正相生中变化，动如飞瀑。

第十九式　投石问路

右脚向右前方上步，左手握拳向右前方撩击，置于裆前，右手按于左臂内侧，随即上左步，左拳经右臂向前弹击，复上右步，右拳经左臂连环弹击，身体左转成左骑龙步，左拳回挂，肘下垂，右拳格挡，内旋落于右胯前，目向右后视。

要点：连贯动作必须换劲快捷，一气呵成。

第二十式　关公托刀

重心左移，抬右脚向右前弹腿，双手自右向左经腰前拖挂，身体右转成右虚步，双手立掌置于胸前。

要点：起腿凌厉快速，双手与身法互动要协调。

第二十一式　伏虎式

右脚后退，双手内旋连环缠绕，封闭上中下三路，同时伏身下按成四六桩法。

要点：动作大开大合，下按松沉稳健。

第二十二式　滚地雷

两脚不动，重心前移，双掌上下交错，左掌在上，右掌在下，同时向正前撞击。随即右拳向右后上挑，左拳向左后下挂。

要求：整劲要饱满，后背要拔，头须上顶。

第二十三式　紫霄展旗

身体右转，右腿抬起成独立步，左手掌心向上托起，置于胸前，右手握拳于腰间，震右脚，上左腿成左横裆步，右拳中平冲出于胸前。

要求：手脚劲力饱满，神态庄严。

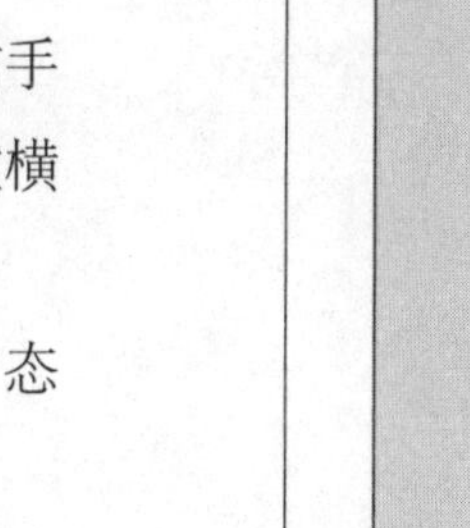

第二十四式　贴身靠

上右步并左腿，左拳格挂于裆前，右手按于左臂内侧，半蹲，随即左脚向左后方上步成横裆步，左拳外旋向左后挂靠，右手紧随。

要求：移步换影要快，体现内家功夫靠击之妙，整体发力。

第二十五式　白蛇吐信

身体重心右移变右弓步，右手经左臂穿出，高与肩平，掌心向上。

要求：身法要体现绝处逢生之势，变脸神速，穿掌惊炸，力透指尖。

第二十六式　黑虎掏心

继续上左脚成三才桩，右掌外旋上挂，左手立掌自胸前扑出。

要求：上步要快，出手要重，双手拧劲需协调。

第二十七式　横扫千军（左、右式）

左脚上步外摆，左手掌心向上拧转，与右手同时向左后方扫击，上右脚内扣走蹚泥步，左手内旋穿于左腰后，右掌自右向左回挂，掌心向上。

要点：手法、身法、步法如天女散花，动作小中见大，大中见小，开合封闭巧妙，体现太极腰动，八卦转环劲，形意整劲的有机结合。

第二十八式　流星赶月

两脚不动，身体向左后翻转，同时左手上扬经头部向左后摔拍，右掌紧随其后，自右向左前方劈击，双手在左胯前交会，两腿成左登山步，上动不停，身体向右后翻转，同时右手上扬，经头部向右后摔拍，左掌紧随其后，自左向右方劈击，双手在右胯前交会，两腿成右登山步，身体继续左转重复上述动作，随后向右转抬右腿成独立步，双手变拳托于胸前，上右脚成右骑龙步，双拳同时向右前方撞击。

要点：此动作如兵临城下，打出鞭子劲来，有万马奔腾之气势，发力需有排山倒海之威仪，体现武当派内家功夫“蓄劲如张弓步，发劲似放箭”之妙用。

收式

身体重心后移，双掌十字交会于丹田处，上动不停双拳变掌自身体两侧捧起合于头顶上方，下沉于丹田处，变抱元守一手诀，左脚收回靠拢右脚，行功走架结束。

要点：全身舒展，气沉丹田，八面支撑，神凝体松气顺。

行感恩礼

双手下垂，躬身行稽首礼，身体自然站立。

武当玄武拳拆招技击赏析

海马吐雾技击法

十五代玄门弟子周理参与师父游玄德真人演示

力劈华山体用法

十五代玄门弟子周理参与师父游玄德真人演示

黑虎掏心实战法

十五代俗家弟子林明强与内家祖庭宗师玄德真人演示

后　记

《中华武术大观》编委会两年来一直诚恳相约整理此书，山人感其诚，伏案疾笔，思绪万千，数十年来辛勤的弘道扬法，传播武当文化，也深感文史资料的珍贵。整理武当武术文史工作相当繁杂，又加之山人国际国内大型学术活动频繁，一直奔波不止，辛苦劳顿，静下心来整理功理功法是一件很细致的工作，当然也是一种文化享受。中国武术协会连续几届主席都劝勉山人早日整理武当武术专集，在今日脱稿之即，特别感谢原中国武协张耀庭主席、国家武管中心李杰主任、世界太极拳网余功保主编、中国道教协会李光富道长、张凤林秘书长多年的支持帮助，还要特别感谢原亚洲武联主席徐才老先生、香港武术联会霍震寰主席给予的亲切关怀和支持。

武当武术专集的问世凝聚着一大批武当传人弟子们的心血，优秀传人游小龙协助拍摄整理了武当丹剑，正宗传人周理参、游理宗、邹微清、秦理强分别协助完成了相关练功图文资料。南武当山道教协会秘书长三玄居士辛勤拍摄大量拳照，武当道教文化研究会秘书长黄建军写了序言，并且长期荣辱与共，道情深厚，世界养生联合会秘书长张敏旗对武当祖庭复兴崛起积极奉献，感人至深。本书大部分照片出自摄影家王淑存女士、方华国先生、汪传树友人及各地弟子们的荣誉奉献，在此一并致以崇高的敬意，谢谢各位无私的奉献，功德圆满，福生无量天尊！

武当真人游玄德

戊戌年春分于南武当山玉京楼

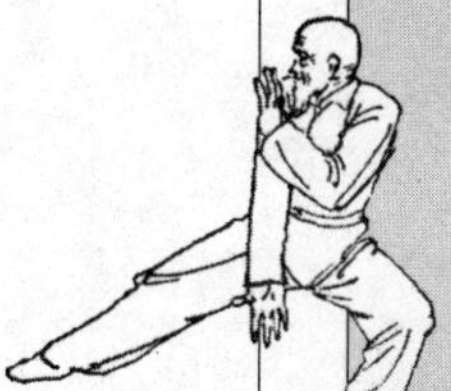